上手に

あがりを隠して

人前で堂々と話す法

丸山久美子

Kumiko maruyama

同文舘出版

はじめに

やっと、この本を届けることができました。

自己紹介・就活・営業・プレゼンテーション・スピーチｅｔｃ…もし、今までの人生で、人前で「あがって」頭の中が真っ白になったり、それがあなたにとってマイナスな記憶として頭に残っていたら、ぜひ、この本を読んでください。なぜなら、そんなあなたに向けて書いた本だからです。

この本は、「あがり」や「緊張」と上手に付き合うための考え方と、私が15年の月日をかけ試行錯誤してきた、人前で話すときに使えるテクニックを集約した本です。「あがりの克服法」や「緊張しない方法」が書かれた本ではありません。1章で詳しくお伝えしますが、「あがり」や「緊張」をなくすなんてモッタイナイ！　と私は思っています。なくすことを目指すのではなく、上手に付き合っていきましょう！　という、新しい提案をさせていただきたいのです。

世の中には、「あがりの克服法」や「緊張しない方法」を説いた本が数多く存在しています。きっと、「あがり」や「緊張」を悪いものと定義し、排除したいと考える人が多いからでしょう。実際、インターネットのGoogle検索においても、「あがり」とセットで頻繁に検索されている言葉は「克服する方法」で、「緊張」の場合は「しない方法」だそうです。このように、世間一般の「あがり」や「緊張」に対するイメージは悪いものであり、その解決策として、数多くの本が出されてきたのだと思います。

しかし、残念なことに、これほど多くの本や情報が出ているにもかかわらず、「あがり」や「緊張」に悩む人は後を絶ちません。私もその1人でした。15年前、人前でうまく話すことができないことに悩み、解決策を模索していた時期があります。しかし、結論から言うと、「あがり」を克服することはできませんでした。

当時、私が目にした解決策のほとんどは、次のような内容でした。「場数をふめば大丈夫！」「慣れれば大丈夫！」……。それができないから悩んでるんじゃん！　というのが正直な気持ちでした。そもそも、私のように、人前で頭の中が真っ白になったり、服が揺れるほど心臓がバクバクする人が〝慣れる〟レベルまで行き着くことこそ至難の業だと思うのです。もっと気軽に人前で話せる方法があったらいいのに…もっと楽しく過ごせたらいいのに……そう思い、自分で解決策を探すことにしました。

月日は早いものですね。試行錯誤しているうちに、15年が経ちました（驚！）。が、解決策となる数々のノウハウを生み出すことができました。このノウハウのおかげで、私自身はもちろんのこと、2015年からはじめたセミナーを受講してくださった多くの人が、「人前で話せるようになった！」と喜んでくださっています。そして今、このように書籍という形となって、あなたの元に届けることができました。

これからご紹介していくノウハウは、世の中に溢れる「あがりの克服法」や「緊張しない方法」とはまったくの別モノです。なぜなら、排除するのではなく、認めて受け入れ、仲良く付き合っていくという、新しい方法を提唱しているからです。

Amazonや楽天ブックスで検索しても、このような内容が書かれた本はありませんでした。人前で話すことを楽しめる人が1人でも増えたらイイな……。と願って書いた、私の初めての本です。ぜひ、こっそり読んで、こっそり人前で使ってみてください♪

今まで「あがり」や「緊張」に悩んでいたあなたの人生が、明るく楽しいものになりますように。それでは早速、いってみましょう♪

CONTENTS

上手にあがりを隠して人前で堂々と話す法

3章 本番直前！現場でできる！ 準備運動編

4章 いよいよ本番！ 登場シーン編

5章 いよいよ本番！ スタート編

6章 笑顔の作り方

本文デザイン・DTP／徳永裕美（ISSHIKI）

1章

あがりとの付き合い方

1 「あがり」は克服しなくてイイ！

私は今も「あがり」を克服できていません。人前で頭の中が真っ白になり、記憶がとんでしまうこともあります。しかし、そんな私でも人前で話す仕事をいただけるようになりました。3000回を超えるイベントへ出演し、最近では講師として企業や商工会議所などからお声がけをいただいています。繰り返しますが、これほど人前で話す回数を重ねた今でも、私は「あがり」を克服できていません。きっと、「あがり」に悩む人のほとんどが〝あがりを克服しないと話せるようになれない〟と思っていることでしょう。しかし、そんなことはありません。「あがり」を克服しなくても、人前で話すことはできるのです。

【克服】という言葉には【努力して困難に打ち勝つこと】という意味があります。私は以前から【努力】という言葉が苦手でした。【無理やり頑張る】という意味があるからです。（詳しい説明は割愛しますが、気になる方は、ぜひ「努」の漢字の意味も調べてみてください）。実際、「努力します」という言葉を発した後、気持ち良く過ごせたことがありません。学生時代に彼氏とケンカした時も「悪い所を直せるよう努力する」とは言うものの、モヤッとした気持ちが残ったり。社会人になってから、過度な期待を向けられて「期待に応えられるよう努力します」とは言うものの、向けられた期待を良く思わない自分がいたり……。私だけでしょうか？「努力します」という言葉を、前向きな気持ちで使えた試しがないのです。
さらに、無理やり頑張ったときほどロクな結果になりませんでした。例えば、偏食は良くないからと、納豆を克服しようと無理やり頑張って食べましたが、吐くほど気持ちが悪くなり、今では臭いをかぐだけで具合が悪くなるようになってしまいました。結婚した当初、苦手な家事を克服しようと試みた時も、逆に過度なストレスとなり、夫に八つ当たりをして多大な迷惑をかけました。人前で話す仕事をはじめた頃もそうでした。人前に立つと、「あがって」頭が真っ白になり、言うべきセリフを忘れてしまうため、寝る間も惜しんで暗記に励みましたが、本番になるとダメなのです。覚えたはずのセリフが出てこない。あんなに一所懸命覚えたのに、出てこないのです。何度も恥をかいて、怒られて。何度も悔し涙を流しました。結果が出せないわけですから、仕事もなかなかいただけず……。やっと仕事を手にしても、本番で「あがって」大失敗……。それでも人前で話せるようになりたくて、「あがり」を克服しようと必死に頑張りました。

そんな生活を3年ほど繰り返した頃、私の体に、ある症状が現われるようになりました。

口内炎です。衝撃的なサイズの口内炎が常にできていました。小指の爪を見てください。その大きさです。舌にできたり、唇の裏にできることもありました。ご想像の通り、とっても痛かったのです。病院にも行きましたが、処方されたビタミン剤や軟膏は効かず……。レーザーで焼くと一時的におさまるものの、翌日にはまた激痛！　この激痛が、仕事で話すとき、とても邪魔でした。ただでさえセリフを忘れやすいのに、痛みにも気を取られるなんて。これ以上、余裕がなくなっては困る！　と、ステージで話す直前に究極の応急処置をしていました。口内炎に醤油を垂らし、その激痛で痛みを麻痺させるという方法です。今考えると恐ろしい応急処置ですが、当時の私は、それ以外に本番を乗り切る術を思いつかないほど必死でした。「あがり」を克服したい！　と無理やり頑張っていた私は、こうして数年の月日をかけて、どんどんと自分を追い込んでいったのです。

克服したいと思えば思うほど、人間は、無理やり頑張って自分を追い込んでしまいます。【克服】とは、それほど険しい道なのです。私は、「あがり」を克服しようと無理を重ねた結果、口内炎のみならず、目まい、嘔吐《おうと》、多汗、下痢、下血《げけつ》、自律神経失調症を患いました。そして、いよいよ体がついてこなくなり、人前で話す仕事から一旦離れることにしました。その時ついに理解したのです。

――あがりを克服するって、こんなに難しいんだ。私には、できない――25歳。人前で話す仕事をはじめて5年目、悔しい完敗宣言でした。しかし、この完敗こそ、私の人生の転機となりました。「あがり」の克服を諦め、初めて自由な発想で考えてみたのです。そもそも「あがり」とは何なのか？　なぜ起こるのか？　どうすれば堂々と話せるのか？　本やセミナーで医師や専門家から教わってきた学術的な内容ではなく、自分なりに考えてみました。そして、辿り着いたのです。私なりの答えに。その答えには「克服」という言葉は一切必要ありませんでした。人前で話すために「あがり」を克服しなければいけないと決めつけていましたが、それは間違いでした。「あがり」は最終的に発生する表面的なものでしかありません。大切なことは、全部、その裏に隠れていました。

「あがり」を克服しようと無理して頑張るのは、もうオシマイにしませんか？　克服を目指さなくても、人前で話せるようになります。しかも、とても楽しく。とても前向きに！

このことを、1人でも多くの「あがり」に悩む人へ伝えたくて、今、こうして本を書いています。

では、「あがり」とは何なのか？　なぜ起こるのか？　どうすれば堂々と話せるのか？　私が見つけた答えを、これから1つひとつ書いていきたいと思います。今まで「あがり」を克服しようと頑張り、何度も傷ついてきたあなたに、届きますように。

2 「あがり」は○○の集合体

まず、「あがり」とは何なのか？　その正体を突き詰めていきましょう。実際に「あがり」が発生した時のことを例に挙げるとわかりやすいので、ぜひ、これから伝えるシーンを頭の中にイメージしながら読み進めてみてください。

「ピピピピピ！」アラームが鳴り、目が覚めました。今日は人前で話す日です。シャッとカーテンを開けて朝陽を浴びます。良い天気です。お手洗いをすませて洗面台へ。顔を洗って歯を磨きます。まだ少し眠気も残りつつ、今日の本番が気になりはじめました。「ちゃんと話せるかな……」。リビングへ移動しテレビをつけます。朝食を食べ終え、服を選びにクローゼットを開けたところで、さらに意識しはじめるのです。「何を着よう⁉︎」。普段ならパッと決まるコーディネートも、今日はアレコレ悩んでしまいました。遅刻をしないよう早目に家を出て、会場へ向かいます。会場の最寄り駅へ到着。もうすぐ到着すると思うと少しドキドキしはじめ、とりあえず駅のトイレへ。駅から数分のビルへ向かいます。今日の会場です。ビルが見えてきました。ドキドキ……。1階から7階へエレベーターで上り、会場へ到着しました。扉を開けると、ピシッと並べられたテーブルと椅子。「うわ！」一気にドキドキが増してきます。それから出番までの時間は、トイレに行ったり、台本を確認したり。表面的には平静を装っていても、内心はドキドキが止まりません。いよいよ出番がやってきました。ドキドキは最高潮！　席を立ち、前へ出ます。足が震え…手が震え…話しはじめた途端、何が何だかわからなくなってしまいました。数分の出番が終わり、席へ戻ります。自分はちゃんと話せていたのだろうか？　記憶が曖昧でよく思い出せません。「これだから、人前で話すのは嫌なんだ……」自己嫌悪に陥りながら家へ帰りました。

これは私が体験した実際のエピソードです。あなたも、同じような経験をしたことがあるはずです。では、これを例に「あがり」の正体を突き詰めていきましょう。

「あがり」が発生したのは、どのタイミングでしょうか？　答えは「話しはじめたタイミング」ですよね。しかし、急に「あがり」が発生したわけではありません。その前に、何回もの「ドキドキ」が発生しています。この「ドキドキ」のことを、世間一般では「緊張」と呼んでいます。「あがり」の前には、必ず「緊張」が発生しているのです。緊張して緊張して緊張して…どうしようもなくなったときに「あがり」が発生します。つまり「あがり」の正体は、おびただしい数の「緊張」です。人前で話せるようになるためには、この「緊張」が大きな鍵を握っているのです。

では、なぜ私たちは、こんなにも、人前で話すときに緊張するのでしょうか？　その答えを見出したとき、私は、人前で緊張する自分が愛おしくなりました。初めて、緊張する自分を「素敵！」と思いました。本書に書いていくのは、すべて、私が私なりに考えた抜いた末の答えたちです。学術的に見たら「それは違う」と言われることもあると思います。でも、私はこの答えたちに救われてきました。人間って不思議な生き物ですよね。学術的に解明されているのはほんのわずかで、ほとんどが解明されていないそうです。であれば、私が私なりに考えて見つけた答えたちにも希望があると思っています。だから、自信を持ってお伝えしていきますね！

では、次のテーマ「なぜ、人前で話すときに緊張するのか？」について、一緒に進めてまいりましょう。

3

緊張はチャレンジの証拠！なくすなんてモッタイナイ！

なぜ、私たちはこんなにも人前で話すときに緊張するのでしょうか？　ここからは、「緊張」について繙《ひもと》いていきたいと思います。

「あがり」が発生する手前で何度も感じる「緊張」。本書を手にとってくださった人のほとんどは、「緊張をなくしたい！」と思っていることでしょう。私もそう思っていました。しかし、緊張はなぜ起こるのか？　その時、自分はどんな状態なのか？　それを知れば知るほど、緊張をなくしたいとは思わなくなったのです。それどころか、緊張をなくすなんてモッタイナイ！　とすら思うようになりました。

まず、緊張はなぜ起こるのか？　その点に注目してみましょう。そのヒントは、前項でイメージした「緊張が起こるタイミング」にあります。本番を想像して服を選んだり、会場に到着して、ピシッと並べられたテーブルとイスを見た瞬間、緊張するんですよね。なぜ、本番を想像したり、会場を目の当たりにすると緊張するのでしょうか？　それは、不安だからです。どうなるかわからず不安になると、私たちの体は、「緊張」というサインを出して知らせてきます。「本当の自分は不安を感じているよ～」と、体を使って教えてくれているのです。

そんな中、あなたはどんな状態になっているでしょうか？　体からは、「不安だよ～」というサインが出ています。心臓がドキドキしたり、汗をかいたり、喉が渇いたり、手や足が震えたりしています。そんなとき、今まであなたは、どうしてきましたか？　人前で話すのは不安だから、どうなるかわからないからといって、投げ出してきましたか？　違いますよね。不安でも、どうなるかわからなくても、あなたはそこで投げ出さず、人前に出て話してきたはずです。逃げずにチャレンジしてきたはずです。

つまり、緊張を何度も感じるということは、どうなるかわからなくて不安を感じながらも、逃げずにチャレンジし続けている証拠なのです。うまく話せるかわからない。途中で内容を忘れてしまうかもしれない。何かトラブルが起こるかもしれない。そんな、どうなるかわからない不安な状態でも、チャレンジしようと挑む時、私たちは「緊張」を感じるのです。

嫌だったら断ることもできるはずです。すべてを投げ出して逃げることだってできるはずです。それなのに、逃げずにチャレンジしようとしているのです。やりたくなくても、自信がなくても、逃げずにチャレンジしようとしているのです。偉いと思いませんか⁉

このように、緊張を感じるのはチャレンジしている証拠であるならば、緊張をなくすということは、チャレンジをしないで生きるということになります。安心で確実なことにしか関わらないということです。きっと、そんな人生に成長などないでしょう。傷つくことはないかもしれませんが、その分、喜ぶこともないでしょう。そんな人生、私は嫌です。

人生は、たった一度しかありません。チャレンジを避けて生きることもできるし、チャレンジしながら生きることもできます。私は、チャレンジしながら生きていきたいのです。どうなるかわからないからと逃げる人と、どうなるかわからないけれどチャレンジする人がいたら、私は、チャレンジする人のほうが好きです。不器用でも、失敗しても、チャレンジしながら生きる人のほうが素敵だと思います。

新しいことを、最初からうまくできる人なんていません。赤ちゃんだって、転びながら歩けるようになるじゃないですか。失敗して、泣いたりもして、それでも諦めずに立ち上がりますよね。私たちも赤ちゃんの頃はそうやって、右足、左足とチャレンジしながら前に進んできたはずです。こんなふうに、子どもの頃の私たちは、毎日がチャレンジの連続でした。

いっぱい失敗をして、いっぱい泣きながら成長してきたのです。しかし、大人になるにつれて、チャレンジしない方向を選ぶことができるようになります。より楽なほうへ。より簡単なほうへ。チャレンジせずに生きることもできるようになるのです。

それなのに、私たちは、人前で話すことへチャレンジしているわけです。素晴らしいと思いませんか⁉ 偉いと思いませんか⁉

「緊張はチャレンジの証拠！」そう思えるようになってから、私は変わりました。まず、人前で緊張する自分を責めなくなりました。以前は、緊張する自分を、恥ずかしいとか情けないとか、マイナスに捉えていましたが、逆に、「チャレンジしていて偉い！」と、プラスに捉えることができるようになりました。

そして、自分の本音にも気がつきました。私は、人前で堂々と話せるようになりたかったのです。人前で堂々と話す先輩たちを見るたびに、すごいな、素敵だな、と、うらやましく感じていました。自分もそうなりたくて、チャレンジしてきたのだと思います。

ただ、いくら、なりたい自分・目標とはいえ、親からもらった世界にたったひとつしかない体を壊してしまっては本末転倒です。だから私は、休業から復帰することを決めた時、自分と〝ある約束〟をしました。それが、次項でご紹介する「緊張と上手に付き合う」ということでした。

4 緊張と上手に付き合う方法

どうなるかわからないことにチャレンジするたび、その証拠として「緊張」というサインが送られてくるわけですが、このサインを無下に扱うと、体が「だから！　不安なんだってば！」と言わんばかりに、さらに大きなサインを出してきます。それが「あがり」です。「あがり」が発生すると、体をコントロールできなくなり、記憶も曖昧になります。それほどの負荷を体にかけるわけですから、具合だって悪くなりますよね。

だから私は、「あがり」が発生する前の「緊張」の段階で対策を練ることにしました。体から送られてくるサインを無視するのではなく、ちゃんと「気がついているよ」と応えれば、緊張と仲良くなれるのでは、と考えたのです。緊張を消そう、なくそうとするのはモッタイナイ！　私は、付き合う方法を探すことにしました。

まずは情報収集からはじめました。単刀直入に、お手本となる先輩たちに「緊張しないんですか!?」と聞いて回ってみました。人前で堂々と話せるようになりたいのならば、そのお手本となる先輩たちに聞けば、何かヒントがもらえるかもしれないと考えたのです。

すると、やはりほとんどの先輩が「緊張するよ～」と答えました。プロの司会者だって緊張するものなのです。きっと先輩たちも、毎回がチャレンジの連続なのでしょう。でも、不思議と先輩たちは、緊張していないように見えました。とても堂々と、緊張していないように話すのです。「そうか！　これだ!!!」頭に衝撃が走りました。見つけたのです！　緊張と仲良くなる方法を！　プロの司会者だって、緊張すると言います。でも、そうは見えない。緊張しているのに、していないように見える……、いや違うのです！　緊張していても、緊張していないように見せることができるのです。

つまり、先輩たちは、緊張を上手に隠しているのです。緊張を消したり、なくすのではなく、上手に隠すことこそが、緊張と仲良くなる方法だったのです！

私は、時間さえあれば先輩たちのステージを見に行くようになりました。どのように緊張を隠しているのか、現場にひたすら足を運び研究してまわったのです。面白いことに、緊張を隠す方法はひとつではなく、いくつも見つかりました。手の動きや、体の向き、表情など、体のパーツをちょっと意識して使うだけで、中身では緊張していても、見た目には緊張していないように見えるのです。

また、面白い現象も発見しました。緊張を上手に隠している先輩ほど、聞き手が話に惹き込まれているのです。対照的に、オロオロとしたり、力み過ぎて緊張が表に見えてしまっている先輩は、聞き手の意識も散漫になっていました。おそらく、「緊張」が表に見えてしまうと、話の内容よりも緊張している姿に目が向いてしまうのでしょう。

たとえば、話す側が緊張して、手がブルブルと震えていた場合、聞き手は、話の内容よりも、震える手が気になってしまうのです。「おいおい、この人、大丈夫？」と心配になり、話の内容に集中できなくなるのでしょう。聞き手のためにも、緊張は上手に隠すことが重要なのだと感じました。

緊張を隠す方法や、その意味が理解できた私には、もう、怖いものはありませんでした。あとは、実践あるのみ！　と、人前に出て緊張を隠す方法を次々と試していきました。それからの毎日は、人前で話すことが楽しくなりました。「緊張」を繰り返し、「あがり」に苦しめられていた日々がウソのようでした。

もちろん、人前に立つと緊張します。でも、こう思えるようになりました。「あっ、私、緊張している。チャレンジしようとしているのね！　偉いわ～♡」と。自分のことを責めるのではなく、ほめるのです。だって、チャレンジする自分は偉いですもの！

このように、緊張を感じるたびに、自分をほめて、体を動かして緊張を隠していくのですが、これが最高に楽しいのです！「緊張するとこうなるから、こうして隠せばいいんだ！」と、人前であの手この手の試行錯誤を続けていきました。

するとこんな言葉をもらえるようになりました。「緊張しないんですか⁉」と。この言葉をもらったときの喜びは、まさに快感！

だって、この言葉は、私が憧れの先輩たちに言っていた言葉そのものだったからです。憧れの人のように、堂々と話せていた（そう見せられていた）という証拠です。こうして私は、独学で、緊張との付き合い方を身につけていきました。

体を壊して休業したことがウソのように、次々と仕事が舞い込んでくるようになりました。仕事をもらうために、必死に受けていたオーディションも、3回に1回は合格するようになりました。さらに、リピートもいただけるようになり、仕事の数は劇的に増えていきました。今では、リピート率は90％以上になり、年間のほとんどの仕事をリピートで回せるようになりました。体調も良好（笑）です。緊張と付き合えるようになったことで、私の人生は大きく変わりました。

人前で話すことが苦手、あがってしまう、そんなあなたも、もう悩まなくて大丈夫です。今日から少しずつ、緊張との付き合い方を身につけていけば、あなたも人前で話すことを楽しめるようになります！

それでは、お待たせしました。ここからは、私が試行錯誤してきたテクニックをたっぷりとご紹介していきます！　初めて使う方にもわかりやすいように、★印で難易度の目安も付けてみました♪　ぜひ、簡単なものから徐々に使ってみてください。

2章

移動中にできる！

準備運動編

1 硬い体をウォーミングアップ！

人前で話す日は、移動中に緊張してきますよね。

平日電車に乗ると、必ず1人はこういう人を見かけます。カバンからプレゼン資料のようなものを引っ張り出して、台本らしきものに目を通しているビジネスマン。このタイミングで、この図を見せる。その時のセリフは、こう言う……など、電車の中で必死の形相で過ごしています。本番を想像して、緊張しているのかもしれません。

このように、移動中に緊張を感じたときは、台本を読み込むよりも、別のことをしたほうが本番のパフォーマンスを高めることができます。それは、準備運動です。移動中に緊張を感じると、ついつい台本や資料に目がいってしまいがちですが、私の経験上、移動中にそれらに目を通しても、本番のクオリティは上がりませんでした。

むしろ、移動中に資料を見ると、本番へのイメージがますます濃くなって、よけいに緊張を高めてしまうのです。良かれと思ってやっていても、実は、体には逆効果というわけです。

そこで私がはじめたのが、体を動かす準備運動です。資料に目を通してさらに緊張するよりも、まずは、移動中の時間を使って、人前で話すための体を作っていきましょう。なぜなら、私たちの体はガチガチに硬くなっているからです。

現地に着いてからでは、機材をセッティングしたり、関係者へ挨拶をしたり、準備運動をする時間がとれないかもしれません。しかし、家から現地までの移動中ならば、100％時間を確保することができます。その結果、本番でさらに緊張しても、ハイパフォーマンスが実現できるというわけです。

この2章でご紹介する準備運動は、誰でも簡単にできるものばかりを集めました。歩いていても、自転車に乗っていても、電車やバスに乗っていても、車を運転しながらでもできるものばかりです。実際、私はいつもやっていますが、この準備運動をするのとしないのとでは、本番の話しやすさに雲泥《うんでい》の差が出ます。私だけでなく、レッスンをさせていただいた方々からも絶賛の声をいただきました。

移動中、資料に目を通して、自分を追い込む過ごし方は、もうやめましょう。これからの移動時間は、本番で緊張しても、ちゃんと話せるよう、自分の体をウォーミングアップしてあげてください。

緊張は本番前、移動中からすでにはじまっています。自分の体が教えてくれるサインを見逃さず、しっかりと受け止め、優しく対応してあげることこそが、緊張と上手に付き合う第一歩です。

さあ！　それでは、移動中にできる準備運動をご紹介していきますね！

2

★☆☆

ベロ回し

準備運動、第一弾！　まずはベロを回します！

私にいただくお悩み相談のうち、ダントツぶっちぎりのNO・1は滑舌《かつぜつ》についてです。「どうしたら噛まなくなりますか？」「滑舌が良くなるにはどうしたらいいですか？」と、どこの土地へ行っても必ず聞かれます。それほど、滑舌に悩んでいる人が多いのでしょう。

ベロは、話すときに最も使うパーツです。ベロが硬いままの状態で話すと、滑舌が悪くなるのは当然です。とくに朝は、カッチカチに硬くなっています。考えてみてください。私たちのベロは、寝ている間は動いていません。仮に寝言を言っていたとしても、ほとんど動いていないでしょう。そんなふうに何時間もの間、動きを止めていたベロに、突然、人前で話すから動いてくれ！　と命令しても、動くわけがないのです。

本番がはじまる前に、周りの人とたくさんおしゃべりをして、ベロを思いっきり、よ～く動かすことがいちばんオススメですが……。実際、そんなわけにもいきませんよね。本番前は、ピリッとした雰囲気の会場で、挨拶程度の会話しかせず席に座っていることも多いものです。本番に向けてドキドキすればするほど、体に力も入るため、ベロはますます硬くなっていきます。そんなカッチカチ状態のベロで話したら……、噛むのは当たり前ですよね。

私も、いまだに、しっかり準備運動ができていない状態で話しはじめると、冒頭で派手に噛みます。噛むと一気に恥ずかしくなり、「あがり」を引き起こすこともあります。そうならないためにも、しっかりベロの準備運動をして、カッチカチの状態から柔らかくなるようにほぐしておく必要があるのです。

滑舌対策として、早口言葉や「外郎売《ういろううり》」の朗読など、世の中にはたくさんのノウハウが紹介されています。しかし、これらは声を出しながら行なうもので、移動中にすることはできません。

そこで私が思いついたのが、これからご紹介する「ベロ回し」です。グルグルとベロをゆっくりと右へ10回まわし、左へ10回回して、カッチカチのベロをほぐします。これなら、移動中の電車でも、歩きながらでもできます。ただ、ひとつだけ……。若干、顔がブサイクになるため、マスクの着用をオススメします。

以前、電車の中で、マスクを付けずにベロ回しをしたら、まわりの人からチラチラと目線を感じ、逆に緊張を高めてしまったことがあります。これは、緊張と上手に付き合うための方法なので、緊張を高めては意味がないですよね。ぜひみなさんは、マスクを着用のうえ行なってください（笑）。

本書に載る1枚目の写真がゴリラ顔というのも恥ずかしいですが、お役に立てましたら幸いです！

①ベロを、上唇と上ハグキの間に挟みます。

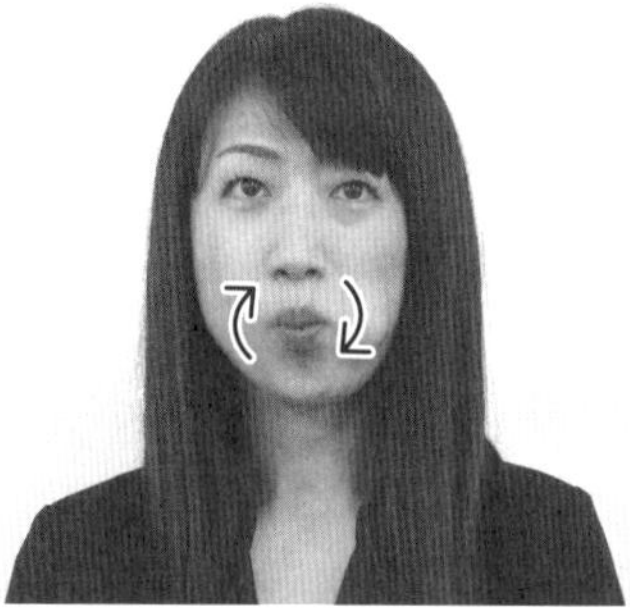

②ベロを右へグルリと回します。ゆっくりと無理のない範囲で 10 回まわしてみましょう。

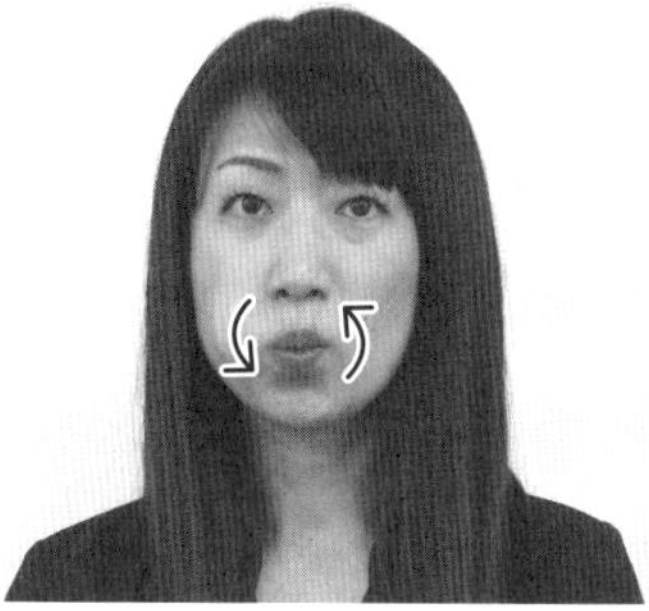

③反対も行ないます。左へグルリ。ゆっくりと無理のない範囲で 10 回まわしてみましょう。

ベロが疲れたり、ベロの付け根がちょっと痛かったりしたら効果あり！　ガチガチのベロがほぐれた証拠です。

余裕が出てきたら、さらに大きく回してみましょう。移動中だけでなく、本番前にもコッソリできそうな場合は、ベロをグルグル回してあげると、より話しやすくなりますよ♪

3 ★☆☆ ガムを噛む

もうひとつ、移動中にできる、ベロの準備運動にもってこいの方法をご紹介します。それは、ガムを噛むことです。「え⁉　そんな簡単なこと⁉」と感じるかもしれませんが、ただ噛むのではありません。ベロをほぐすために噛むのです。ベロをしっかりと使って噛むことができる、オリジナルの噛み方があるのでご紹介します。ぜひ、ガムを用意して、一緒に噛みながら読み進めてみてください。

写真の②〜④を1セットとして、10セット行ないます。ゆっくりでかまいません。とくに④は、動かしにくい舌先を使うため、誤ってベロを噛まないように気をつけながら行ないましょう。

①ガムをひとつ口に入れて数回噛みます。

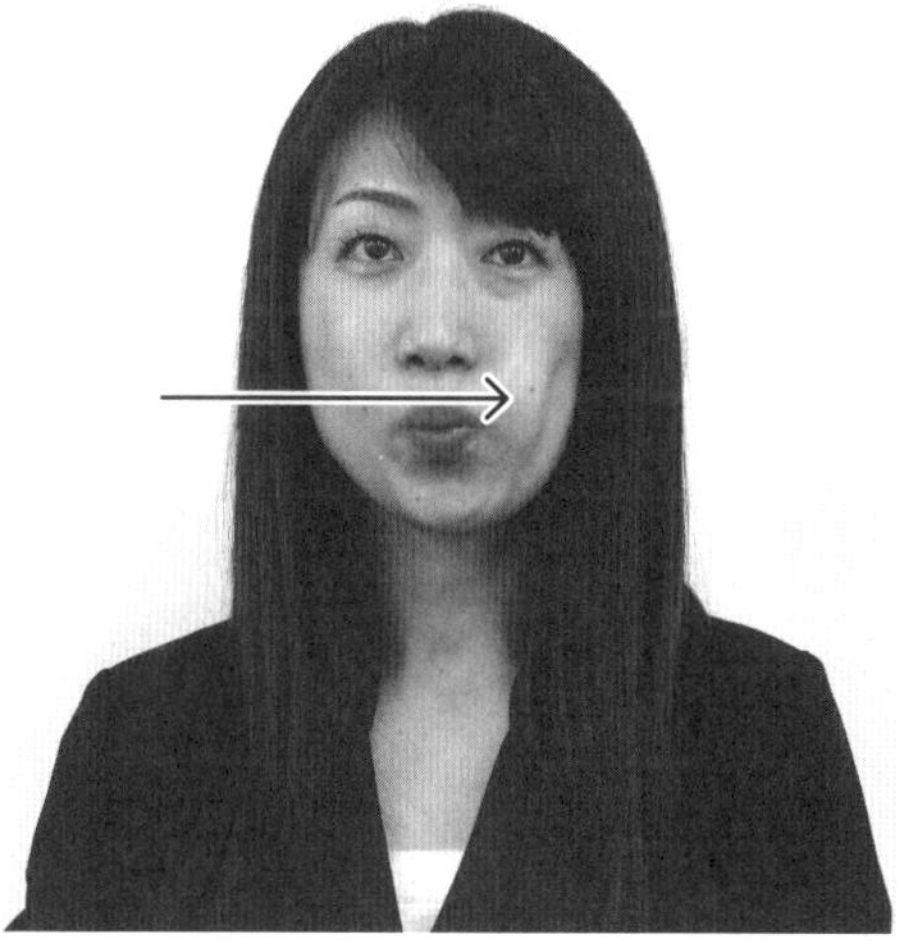

②ベロを使ってガムを右側へ移動させ、３回噛みます。

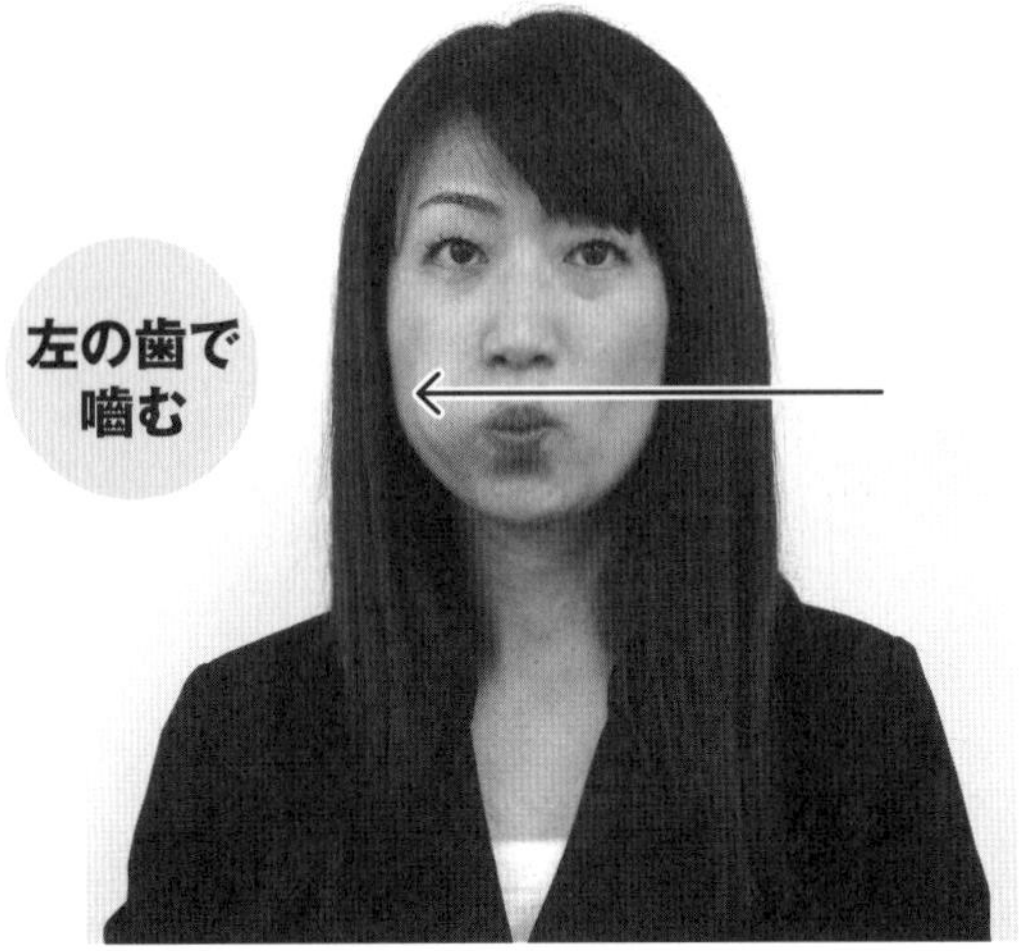

③ベロを使ってガムを左側へ移動させ、３回噛みます。

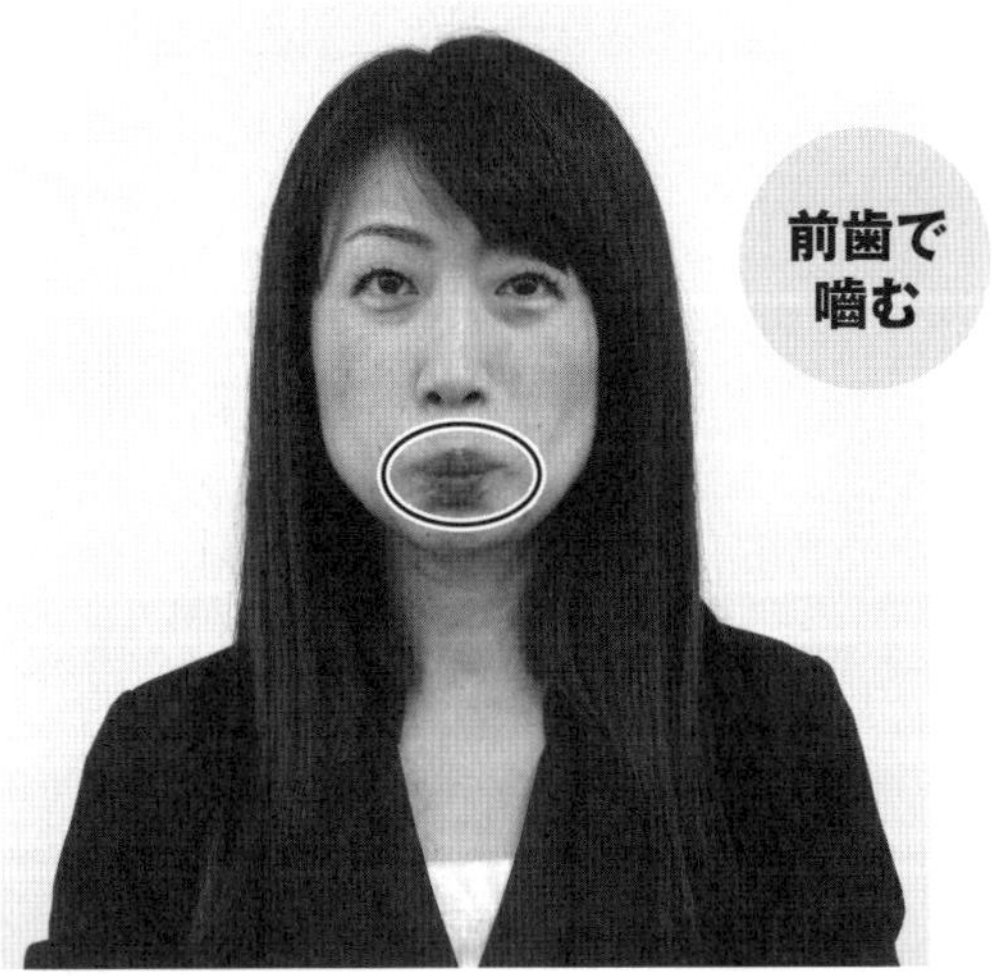

④最後に、舌先を噛まないように気をつけながら、ガムを前歯で７回噛みます。

ゆっくりとしたペースで、三三七拍子のリズムに合わせて噛めるようになるとベストです。リズムに合わせようとすると、苦手な方向が出てくるかもしれませんが、その部分がガチガチになっている証拠です。ベロ回しと併せて、集中的にほぐしていきましょう。

ちなみに、この準備運動用として私が愛用しているガムは、キシリッシュガム（明治）のクリスタルミント12粒入りです。箱タイプになっているため、とても使い勝手が良いガムです。カバンの中で散らばることもなく、手探りで探すときにも角ばっているので見つけやすいのです。

さらに、ガムの包み紙をしまっておけることが最大のポイント。ガムを出すときのために、とっておきたい包み紙。最初の頃はポケットに入れていましたが、ガムを出そうとすると……、「あれっ⁉　ない！」他の物を出し入れしたときに落ちてしまったのか、包み紙がなくなることがしばしあり、ティッシュを探したり、焦っていました。

この「焦る」という感情は、人前で話す前に緊張している私たちにとって、とても良くないものです。せっかく緊張した体をほぐすために準備運動を行なったのに、また緊張させてしまっては意味がありません。

そんな些細なこと……と思われるかもしれませんが、緊張しやすい私たちは、それほどまでにデリケートなのです。実際、包み紙がなく、ティッシュも持ち合わせておらず、ガムを出せないまま会場へ入り、ガムを気にしたまま挨拶周りをし、トイレにも行けず、そのまま本番。「えいっ、飲み込んでしまえっ！　うげ」なんてこともありました。ただでさえ緊張しているのに、こんなことで自分にストレスをかけることは避けたいですよね。

このような事態を避ける最良のガムが、箱タイプのキシリッシュでした。探しやすく、包み紙もしまっておける。とても使い勝手が良いのです。

4

★☆☆

口ほぐし

ベロがほぐれたら、次は口をほぐしましょう。口もベロと同じで、寝ている間は動いていないため、ガチガチに硬まっています。

口が柔らかくなると、滑舌が良くなるだけでなく、口を大きく開けることもできるようになるため、大きな声が出せるようになります。「大きな声が出せるようになりたい」という相談も多くいただきますが、話している様子をチェックすると、声が小さい人ほど口が開いていません。

大きな声を出すためには、大きな口で、より広く声を届ける必要があります。拡声器やメガホンもそうですよね。声を大きく出すために、先端にいくほど広がっています。口も同じで、とても重要なパーツというわけです。移動中の時間を使って、しっかりとほぐしていきましょう。

この準備運動も、若干顔がブサイクになるため、マスクの着用をオススメします（笑）。再び恥しくはありますが、次ページの写真をご覧になり、お役に立てましたら幸いです！

①唇の力を抜きます。

②唇を右側へグイッと動かします。

③反対の左側へ唇をグイッと動かします。

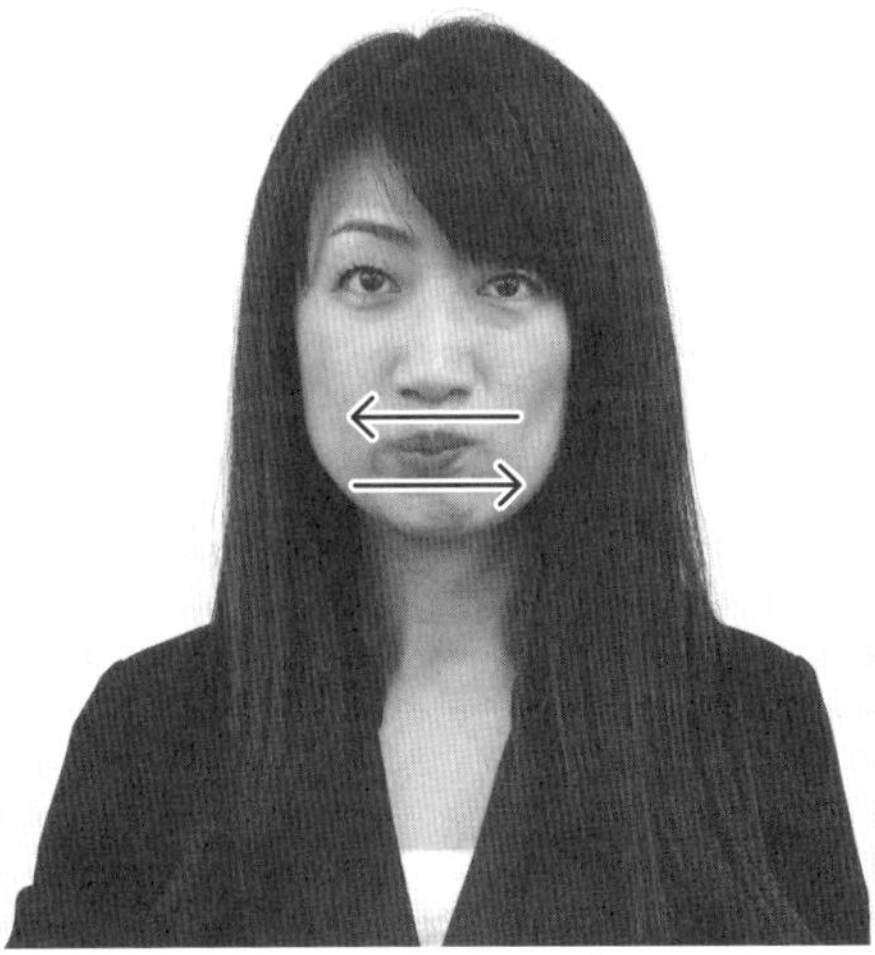

④右→左を１セットと数え、10 セットゆっくりと動かしましょう。

この準備運動も本番前にコッソリとできそうであれば、ぜひ試してみてください。

左右のどちらかが動かしにくかったり、はたまた、どちらも動かしにくい場合は、指先で頬や唇の周りを軽く揉むと動かしやすくなります。もちろん、外出先では顔の外側を揉むわけですが、私はよく、家で内側からも揉んでいます。人差し指を口の中に突っ込んで、外側の親指も使って、頬をグイグイと揉みほぐすのです。


この方法は、お世話になっている初台歯科医院・高橋一太郎先生から教えていただきました。それは歯のメンテナンスで伺ったときのこと。「口を開けてくださ〜い」と言われても大きく開けることができず、口角が切れてしまいそうになりました。

すると、高橋先生が「丸山さんは、しゃべる仕事だから、逆に口周りを使いすぎて硬くなっているかもしれないよ。ちょっと失礼〜」と、内側から揉みはじめたのです。驚きましたが、信頼している先生なのでお任せすると……。不思議なことに、ものの1分もしないほどのマッサージで、口が大きく開くようになりました！　高橋先生いわく、口を動かさない時間が続くと、もちろんガチガチになるけれど、たくさん使った場合も、疲労物質がたまってガチガチになってしまうそうです。なるほど。トップアスリートでさえ、運動前のみならず、運動後にもストレッチやマッサージなどのケアをしているのと同じですね。

かなりスサマジイ顔になるため、外出中にはできませんが、お風呂タイムを使うとやりやすいです。口が大きく開くようになるため、声も大きくなることはもちろん、後ほどご紹介する「笑顔」にもとても役に立ちます。ぜひ、試してみてください。

5 山本志乃さん（宮城県在住：パーソナルトレーナー）エピソード

仙台で開催された丸山先生のセミナーには、初回から一度も欠かさず参加させていただいています。私は〝パーソナルトレーナー〟といって、主にマンツーマンでストレッチなどの運動を教える仕事をしています。また、公共団体や企業様からご依頼をいただき、表情筋トレーニングなどの講座を担当することもあります。

私も、人前ではとても緊張します。以前は、その緊張が表面に現われてしまっていたようで、親友の結婚式で頼まれてスピーチを行なったとき、司会の人から「とても恥ずかしがり屋さんのお友達でした～」と言われてしまったこともあります。そんな、緊張がダダ漏れで素人感まる出しの私でしたが、トレーナーの仕事をはじめるにあたり、人前で堂々と話せるようになりたいと思うようになりました。トレーナーとして、同じ場所で同じ生徒さんたちとのレッスンなら、もう慣れたので堂々と話せるのですが、いつもと違う場所や、参加人数が多いときには、緊張に押しつぶされそうになっていました。

そんなときに、丸山先生の話し方セミナーに参加したのです。いろいろなテクニックを教えてもらいましたが、とくに「ベロ回し」を愛用中です♪　緊張する仕事へ向かうときには、ベロをグルグル回しながら移動するようになりました。早朝に開催されるセミナーで講師を頼まれたときは、とくに効果を感じます。早朝だと眠気もありますが、それこそ、ベロも眠っているような状態です。グルグル回しても、最初はとても回りにくいのですが、歩きながら、右回し……、左回し……、と数回グルグル回すと、セミナー会場に到着する頃には、ベロがとても動きやすくなるのです。そもそも、私の住んでいる仙台の朝はとても寒く、体が冷えて、ベロもよけいにカチカチになってしまいます。

でも、ベロ回しを終えると、何となく顔が温かくなった気がするのです。さらに、寒さでこわばってしまった顔の〝ほうれい線〟も気になっていたのですが、ベロ回しをしはじめてから、ほうれい線も薄くなってきました♪

このように、体に効果が出ることの他に、メンタル面でも、とてもよい影響を受けました。それは、「緊張はチャレンジの証拠」という丸山先生の言葉でした。

この言葉をはじめて聞いたときのことは、今でもハッキリ覚えています。何だか、とってもうれしくなったのです。「そうだよ、私、チャレンジしてるんだ！　頑張ってるんだ！　だから、緊張するのは当たり前なんだ！」と、心から思うことができました。

当時の私は、「緊張する＝うまくいかない」と思い込んでいたので、緊張は悪いものとして捉えていました。「緊張しないように！　しないように！」と思えば思うほど、緊張に支配されていたのです。

ですが、「緊張はチャレンジの証拠」と教わってから、自分自身が変わることができました。緊張する自分に気がついたら「あっ、今緊張している！　チャレンジしてるんだなぁ」と客観的に捉え、その自分を受け入れられるようになりました。今では、緊張している状態を楽しめるまでになりました。

私は、チャレンジしている自分が大好きです！　これから、もっともっとチャレンジして成長していきたいです。緊張は悪いものだと思っていましたが、今では、素晴らしいものだと心から思っています。丸山先生のおかげで、前よりも自分が好きになったし、自信を持って人前で話せるようになりました。感謝しています！

ちょっとレベルアップできる準備運動もご紹介します♪

6 ★★★

録音で予習！

移動中の電車で、本番を想像したらドキドキドキドキ……思わずカバンから資料を取り出し、本番で話すセリフに目を通した経験があるあなたに朗報です。とっておきの準備運動があるのです。しかも、この準備運動をすれば、セリフに目を通すよりも、劇的に上手に話せるようになります。難易度は★ふたつ。そんなに難しくはありません。ぜひ、やってみてください。

移動中に「耳から聞く」、という準備運動です。事前にセリフを録音して、移動中に繰り返し聞くだけです。セリフを覚えたい場合や、本番で忘れそうで不安な場合は、移動中に何度も目で見るより、耳から聞くほうが、より覚えることができます。

私が以前、展示会のステージで、あらゆる企業の代理プレゼンテーションを行なっていた頃、この準備運動は欠かせないものでした。

展示会は短くて1日、長くて10日前後開催されます。つまり、そのくらいのペースでクライアント企業が変わるということです。業種も変わるし、プレゼンの内容もガラリと変わります。その台本には、見たことも聞いたこともない業界用語や製品名がズラリと書かれているわけです。私は、そのような台本をプレゼンターとして暗記しなければなりませんでした。そんな中、苦肉の策として編み出したのが、この、移動中に「耳から聞く」という準備運動でした。

ある展示会で、大手企業のステージを担当したときのことです。

その展示会は医療系だったため、台本には、初めて見る言葉が散りばめられていました。そんな中、最も苦戦した言葉が、このプレゼンの目玉となる製品の名前でした。

何度も何度も目で見て、何度も何度も手で書いて、何度も何度も声に出して覚えてきたはずなのに、リハーサルで緊張したとたん、覚えてきたはずの製品名が出てこなくなってしまったのです。本番は翌日。もう時間がありません。目も、手も、声も使って覚えてきたのにできなかった……。あと使っていないのは……？　耳だ！　帰宅後すぐに、自分の声で製品名を10回録音し、翌日の朝、移動中に繰り返し聞いていました。

すると、リハーサル以上の緊張を感じる本番のステージで、3日間、一度も忘れることなく、間違えることもなく製品名を言うことができたのです。いまだにこの製品名を覚えていて、声に出して言うことができます。「血管造影X線診断装置アルーラエクスパーエフディー20」(笑)。それ以来、緊張したら出てこないかも……と不安に思う言葉は、録音して移動中に耳から聞くことにしました。

不思議なもので、移動中に目で見て確認していた頃よりも、耳から聞くようにしてからのほうが、本番できちんと言える確率が劇的に高くなりました。

これは、カラオケでよくある現象に近いものがあると思います。移動中に何度もイヤホンで聞いた曲って、カラオケで初めて歌っても、なぜか歌えますよね? あれとよく似ていて、人前で話すセリフも、繰り返し耳から聞いておくと、たとえ本番で緊張してしても、忘れることなく言えてしまうのです。

当時に比べて、今はとても便利な世の中になりました。わざわざ家に帰って録音しなくても、手元の携帯電話でパパッと録音できるなんて、本当に便利です! 私は今、iPhoneを使っています。標準装備されている「ボイスメモ」という機能を使えば、あっという間に録音できます。そのまま持ち運びながら聞けるし、とても重宝しています。

この方法をはじめた頃は、家に帰って、自宅にあるオーディオ機器にマイクをセットして、MDに録音して、MDプレーヤーに入れて持ち運んでいました。聞くところによると、若い世代では「MD？　何それ？」と、MDの存在すら知らない人も増えているそうですね。本当に便利な世の中になりました。

ぜひ、お持ちの携帯電話に録音機能がついていたら、この方法を試してみてください。

3章

本番直前！現場でできる！

準備運動編

まずは、場所の確保！

いよいよ現場に到着！　さらに緊張するタイミングがやってきました！

扉を開けて会場を目にしたとたん、「うわっ」。圧倒されるんですよね。ピシッと並んだテーブルと椅子。ここに人が座って、自分が話すかと思うと、ドキドキ……緊張してきます。関係者への挨拶をすませて、用意されている席に着きます。ちょっとリハーサルをしようかな……と、前に置いてある演台へ向かいました。……が、「うわぁ！」。演台から見ると、また一段と緊張が増すと言うか何と言うか……。あぁ、マズイ……。すごく緊張してきた……。「ちょっと席を外します」と伝えて、いったん会場からトイレへと避難します。

「トイレ、行く行く！」と感じたアナタ！　お待たせしました。ここからの3章では、そんな、すごく緊張してきた時に使える準備運動をご紹介します。しかも、トイレでできるものばかりを集めてみました。

言うまでもなく、私がいつも実践しているものばかりです。ちなみに、トイレの個室で行なうことをオススメします。男性のみなさんも、ぜひ個室をご利用ください。

「なぜトイレ⁉」「なぜ個室⁉」――そう思われるかもしれませんが、決して、ふざけているわけではありません。３０００回以上このテクニックを使ってきた私が断言します。この準備運動をする最適な場所は、トイレの個室でした。独りきりで、誰に見られることもなく、そこそこ広くて動ける、必ずある場所。それが、トイレの個室だったのです。

たとえば、自分専用の控室を用意していただいたり、演台の後ろにパーテーションがあって、誰にも見られないようなスペースが確保できる場合は、わざわざトイレの個室を使わなくてもかまいません。しかし、現実的に、ほとんどの場合、専用の控室はいただけません。誰にも見られないスペースを確保することもできません。そんな時には、迷わずトイレの個室へ向かってください。トイレなら、どの会場にもあるはずです。別の階の場合もありますが、必ずどこかにあります。

これからご紹介する準備運動は、本番直前、かなり緊張している時に使う方法です。使いたい時に、トイレを探して、焦る原因になってしまっては逆効果ですから、まず、会場に到着したら、トイレがどこにあるかを把握しましょう。私の場合は、場所だけでなく、個室の数も確認しています。

もし、同じフロアにあるトイレに個室がひとつしかない場合は、上の階や下の階に移動して、どのフロアにいくつ個室があるかをリサーチしています。

本番直前のタイミングは、会場全員のトイレ需要が高まります。行こうと思ったら満室で入れない！　そんな事態を避けるため、個室が少ない場合は上下のフロアもリサーチしておきましょう。ちなみに、タイプは様式でも和式でも、どちらでもかまいません。とにかく、独りきりで、誰に見られることもなく、そこそこ広くて動ける場所を探してください。

それでは、場所が確保できたと想定して、準備運動をご紹介していきます。本を読みながら、実際に体を動かして練習してみましょう♪

2 ★☆☆ トイレの個室で「ドーンと来い！」

さぁ、トイレの個室に入ったら、本番に向けてしっかりと体をほぐしていきましょう！

まずは、カギを締めて深呼吸。吸って～、吐いて～。深呼吸にも、ガチガチになった体をほぐすことができるやり方があるのですが、少し難易度が高いので、まずは★1つの簡単な準備運動からご紹介していきます。

ここで、２つの注意事項があります。まず、壁に手をぶつけないよう気をつけてください。

２つ目は、かけ声は心の中で叫んでください。繰り返しお伝えします。

１：壁に手をぶつけないよう気をつける。

２：かけ声は心の中で叫ぶ。

……大丈夫ですね！　それではまいりましょう。

かけ声「ドーンと来い！」と（心の中で）叫びながら、両手を（壁にぶつけないように）

大きく開きます！

①トイレの個室に入ったら

②「ドーンと来い！」と心の中で叫びながら、両手を大きく開きましょう！

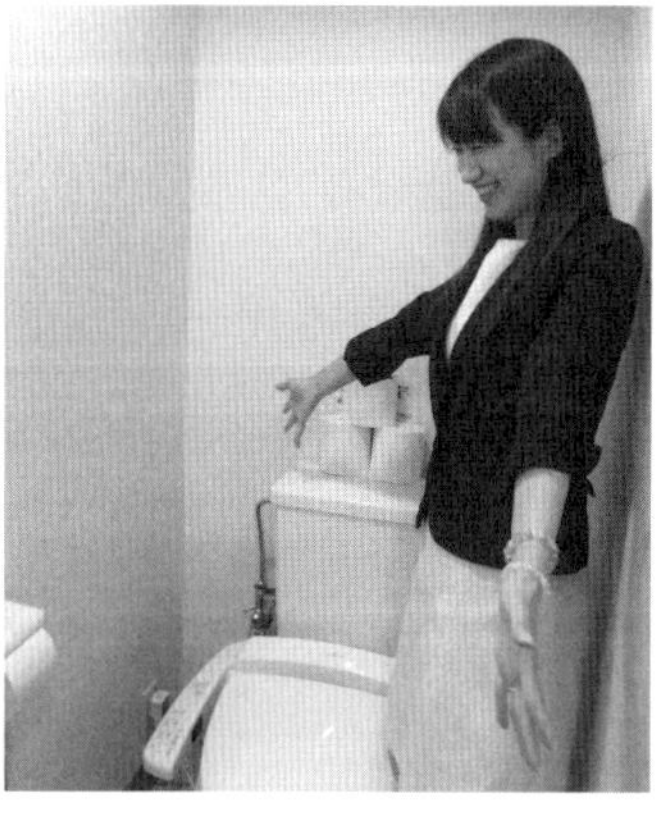

③５回繰り返します。

両手を大きく広げることで、緊張で縮こまった体が開き、息が吸いやすくなるのですが、実はもうひとつ、大切なポイントがあります。

「ドーンと来い！」と（心の中で）叫ぶことで、本番への気合が入るのと同時に、何となく……、面白く楽しい気分になるのです♪　この、面白い、楽しいという効果が、実はとても大切なポイントになっています。「緊張」が重なって「あがり」になる中で一番失われてしまうのが、この、面白い、楽しいという感情だからです。わざわざトイレの個室で「ドーンと来い！」と言っている自分をクスッと楽しむことで、「緊張」が「あがり」に変化しにくくなるというわけです。

実際、この準備運動をレクチャーすると、多くの人が笑ってくれます。大ブレイク中の女性お笑い芸人である、Yさんにもレクチャーさせていただいたところ、トークショーの本番前に使ってくださったそうです。

しかも、そのトークショーで司会者から、「どうやって緊張をほぐしているのですか？」と聞かれ、「ドーンと来い！　ってやってるんですよ！」と答えたら、会場内は爆笑だったとのこと！「ちゃんと、〝丸山先生って人に教えてもらったんです～♪〟って言いましたよ♡」と教えてくださいました（笑）。

プロのお笑い芸人さんも面白いと感じた、この「ドーンと来い！」。本番が差し迫った状況でも、きっとあなたにもクスッという楽しい気持ちを思い出させてくれるはずです。

3
★★★
わざとアクビ

「ドーンと来い！」で胸が開き、気持ちも明るくなったら、次は、話すときによく使う体のパーツをほぐしていきましょう。

まず、喉をほぐします。緊張してガチガチに硬くなった喉のままでは、話しにくい上、大きな声も出せません。本番前に、しっかりとほぐしてあげましょう。

ほぐすと言っても、喉を揉むことはできません。そこでオススメなのが、アクビです。わざとアクビをするのです。では、1回やってみましょう。

いかがでしょうか？

わざとだとしても、アクビをすると喉が大きく開いて、ほぐすことができるのです。アクビをすると、喉が大きく広がった後、また縮んでいくのがわかると思います。この広げて縮

わざとアクビをする。

める動きで、ガチガチの喉をほぐすことができるというわけです。

ちなみに、この喉の動きに慣れてくると、口を閉じたままでもアクビができるようになります。

退屈な会議などで、日々、眠気と戦っているビジネスマンの中には、口を閉じたままアクビができる人も多いようなので、「すぐできた！」という人もいるかもしれません（笑）。

このように、口を閉じたままでも喉をほぐせるようになれば、トイレの個室以外でもこの準備運動を行なうことができます。できるようになるまでは、トイレの個室で

口を閉じてアクビをする。

遠慮なくアクビをしてください。大切なことは、緊張でガチガチに硬くなった喉をほぐしてあげることです。

あっ、そうそう！　ひとつ伝え忘れていました！

トイレでアクビをするときには、声を出さないように気をつけてください。実際、声を出してアクビをしてしまった人が、「外にいた知人に〝大丈夫ですか!?〟と心配されちゃったんですよ〜」と、恥ずかしいエピソードを教えてくれました（笑）。

4

★☆☆

肩ほぐし

次は、肩をほぐしていきます。

緊張を感じると、私たちは無意識に猫背になります。背中が丸まっていくのです。猫背になると、自信がなさそうに見えるのはもちろんのこと、息が十分に吸えないため、大きな声も出せなくなります。

世の中では、猫背のことを「姿勢が悪い」と言いますが、私は違う表現をしています。「姿勢が悪い」のではなく、「大事な部分を守ろうとしている」のです。ここで言う〝大事な部分〟とは、〝心臓〟を意味しています。緊張して猫背になることは、「姿勢が悪くなる」のではなく、「緊張を危険と勘違いして、体が心臓を守ろうとしている」のだと思うのです。

これから人前で話すことに対して、体が「どうなるかわからないし」「ってことは、危険なことかもしれない！」と勘違いして、人間の一番大事な心臓を守ろうとしてくれているのではないでしょうか？

ご存じの通り、人前で話すことは、心臓を守らなければならないほど危険なことではありません。ただ、緊張した体は、どのくらいのレベルの危険度かを考える余裕がないため、最悪のことにならないように心臓を守ってくれているのです。

　そのように勘違いをして、必死に猫背になっている体をどう思いますか？　私は「……健《けな》気《げ》！」と思います。自分の体って、自分以上に、自分を守ろうとしてくれているのです。このまま放置しておくのは、あまりにも可哀想なので、体にはきちんとした情報を教えてあげましょう。

①両腕を胸の高さまで上げます。

②ゆっくり開いて戻します。5回繰り返します。

③ゆっくり外側へ５回まわします。

そのために行なうのが、この「肩ほぐし」です。必死に猫背になり心臓を守っている体へ、肩を動かし胸を開くことで「危険じゃないよ～、大丈夫だよ～」と教えてあげるのです。では、一緒にやってみましょう。

このとき、もし肩の後ろあたりから「ゴリゴリ」と音が聞こえてきたら…かなり前から、体があなたを守ろうと必死に猫背になっていた証拠です。「ありがとう～」と心の中で伝えながら、さらに5回まわしてほぐしてあげましょう。

最後に、④⑤を2回繰り返しておしまいです。

④腕を降ろし、息を吸いながら肩を上へ引っ張ります。

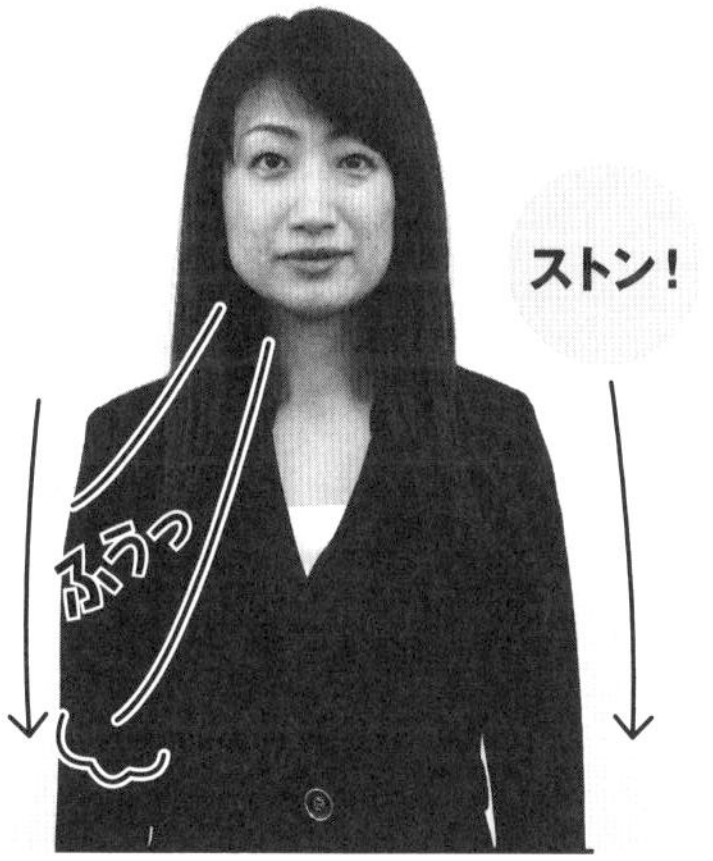

⑤息を吐きながら肩をストンと降ろします。④⑤を２回繰り返しましょう。

あら不思議！　肩を動かす前と比べて猫背じゃなくなっていますよね！　「危険じゃないよ」「大丈夫だよ」と体に伝わった証拠です。このように、自分の体も話せばわかるものなのです。

5 小堤明子さん（埼玉県在住：ヒーラー）エピソード

丸山さんと出会ったことで、私は人前で話せるようになりました。

すべては、友人Aさんのスピーチを見に行ったことがはじまりでした。当時の私は、人前で話すことがとても苦手でした。緊張するし、うまく話せる自信がなかったからです。だから、人前で話すことを極力避けて過ごしていました。

そんなとき、私と同じようなタイプのAさんが人前でスピーチをすると聞いて応援しに行ったのです。正直、Aさんは人前で堂々と話せるタイプではないと思っていました（ごめんね！　笑）。

それなのに、20人もの人前でとても堂々と話しているではありませんか！　あまりにも驚いて、「どうしてこんなに上手に話せるの⁉」とたずねると、「丸山さんの話し方レッスンで修行しているんだ♪」と楽しそうに答えたのです。"話し方レッスン"なんて、固いイメージを持っていたのですが、そんなに楽しいなら……と、思い切って申し込んでみました。

レッスンは、イメージとは真逆で、本当に楽しいものでした。しかも、通うたびに、みるみる"人前で話すこと"への苦手意識がなくなっていったのです。5回ほどレッスンを受けた頃、ついに成果を試すチャンスがやってきました。数日後に参加する異業種交流会の場で、1人あたり40秒間のプレゼンを行なうことになったのです。

会場には、30人ほどの参加者が来ると言われました。今までの私なら、「人前は苦手だから嫌だな……断ろう」とマイナスに感じたはずですが、こう感じたのです。「レッスンの成果を試すチャンスだ！　準備をしなきゃ♪」と。あまりにも前向きな自分に笑ってしまいました（笑）。もちろん、緊張はします。でも、それがマイナスのことに思えなくなっていました。だって「緊張はチャレンジの証拠」なのですから。

そして、やってきた本番当日。会場に到着し、軽く主催者と挨拶をすませた私は、緊張を感じながら一目散にトイレへ駆け込みました。個室に入り、レッスンでやってきた準備運動「ドーンと来い！」からスタートです！

1人でやってみると、とても面白い光景でした。心の中で「ドーンと来い！」と言うたびに、「ドーンと来いって、何よ！」と、緊張しているはずなのに笑いが込み上げてきたのです。

わざとアクビをしながら喉を開き、「肩ほぐし」へと進みます。日頃の私は猫背気味なのですが、この「肩ほぐし」をすると胸が開いて姿勢がよくなります。しかも、不思議なことに気持ちがとても前向きになるのです。体と心は連動していると聞いたことがありますが、本当にそうなのでしょうね。

ここまでで、トイレに入って数分なのですが、準備運動のおかげで体がポカポカしてきます。それと同時に、安心というか楽になるというか……。もちろん、緊張はしているのですが、チャレンジしに行く自分へケアをたっぷりしてあげることができた気がして、「行ってらっしゃい♪」という気持ちになれました。

こうして臨んだ本番でのプレゼンタイム。急遽、持ち時間が40秒から30秒に変更されるというアクシデントが発生しましたが、体がほぐれていたおかげで頭がきちんと働いて、うまく対応することができました。緊張しました！　でも、とっても楽しかったのです！　何より、聞いてくださった何人もの方から「すごくわかりやすかったし、笑顔で堂々と話していて、とても素敵でした！」というおほめの言葉をいただけて、心からうれしかったです！

数カ月前まで、あんなに苦手だったのに……。今では、人前で話すことを「楽しい！」と思えるようになりました。それもこれも、丸山さんと、丸山さんを紹介してくれたAさんのおかげです！　ありがとうございます！　これからもよろしくお願いします。

4章 いよいよ本番！

登場シーン編

ついに「出番」がやってきた！

移動中、そしてトイレでの準備運動を経て、いよいよ本番がやってきました。ここまでは、緊張を感じたら準備運動をして体をほぐしてきましたが、ここからは別の方法で緊張と上手に付き合っていく必要があります。なぜなら、ここからの時間は、それまでとはまったく違う状況だからです。

本番では、あなたが人前に立ちます。つまり、あなたは人目を浴び、注目の的になるということです。今までとは、状況がガラリと変わります。でも、心配は要りません。これまでと同様に、体から緊張のサインを感じたら、きちんと対応してあげれば良いだけです。

まず、この4章では、話しはじめるまでの登場シーンで使えるテクニックをご紹介していきます。登場シーンとは、司会者から名前を呼ばれ、あなたの「出番」がはじまった瞬間から、あなたが第一声を出すまでの時間のことです。よく、セミナーやレッスン受講者の方に、「そんなところからやるの!?」と驚かれますが、はい、そんなところからやります（笑）。

話しはじめたところからが大切と思っている人が多いようですが、今日からは、緊張と上手に付き合うため、このように捉えてください。司会者があなたの名前を呼び「出番」がはじまった瞬間からが勝負！。

「出番」がはじまった瞬間から、あなたは一気に注目の的になります。会場全体から、いきなりたくさんの視線を浴びるわけです。そんな状況を察したあなたの体は、さらに強い緊張のサインを出していきます。私の場合は、震えが起こります。主に、手や上半身が小刻みに震えてきます。

でも、焦ることはありません。前章でお話ししたとおり、これは、体が「今までと違う！危険だ！」と勘違いして、あなたを守ろうとしているだけです。きちんと「危険じゃないから大丈夫だよ」と伝えれば、体もわかってくれます。緊張のサインへ、ひとつずつ優しく応えてあげれば良いのです。

ここで、最もやってはならないことが、緊張のサインを放置することです。「出番」になると、それまでとはガラリと状況が変わるため、体はさらに強い緊張のサインを出してきます。それなのに、気づかないフリをしたり、無視し続けると、体は最終兵器を発動します。私たちが最も恐れている「あがり」です。

「あがり」が発生すると、私たちは体をコントロールできなくなってしまいます。それどころか、記憶まで飛んでしまうのです。自分の体も記憶も制御不能になるわけですから、とても怖い世界です。そんな怖さは二度と味わいたくない……、人前で話すのは危険だから、これからは避けて生きていこう……と、人前で話すことが苦手になっていきます。このように、「出番」になってから、緊張と上手に付き合えない場合は、残念な結果になってしまうことが多いのです。

当初のあなたは、どうなるかわからないけれど、チャレンジしたくて人前で話すことを決意したはずです。失敗するかもしれないけれど、成長したいと思っていたはずです。

自分の想いというものは、伝えなければ伝わりません。自分の体にだって、同じです。「初めてのことだけど、チャレンジしてみたいんだ！」と伝えなければ、伝わらないのです。「慣れていないことだけど、やってみたいんだ！」と伝えなければ、伝わらないのです。

せっかくゲットした「出番」というチャンスを、自ら棒に振るなんて、とてもモッタイナイことだと思います。きちんと伝えれば、体もわかってくれます。だって、誰よりもあなたを大切にしてくれているのは、その体なのですから。

大事な「出番」の最中に、こんな悲しいすれ違いを招かないように、緊張とは上手に付き合っていきたいものです。

さあ、それでは進めてまいりましょう！

司会者があなたの名前を呼んで「出番」がはじまった瞬間から、どうすれば緊張と上手に付き合えるのか、その方法をご紹介していきましょう。

2 ★☆☆ ボタンを留めるタイミング

人前で話すときに多い服装「ジャケットスタイル」。私のセミナーで聞いてみると、全体の90％以上の人が、人前で話すときはジャケットを着用していると答えます。実際、私も、司会や講師をするときはジャケットを着用することがほとんどです。

まず最初にご紹介するのは、この〝ジャケット〟というアイテムを使って緊張と上手に付き合う方法です。


司会者から名前を呼ばれるまでは、ジャケットのボタンを「わざと」開けておいてください。そして、司会者から「それでは○○さん、よろしくお願いします」と言われるのを合図に、ボタンに手を伸ばし、ボタンをひとつだけ閉めてください。両手を使ってＯＫです。ボタンをひとつ閉めたら、次項で説明する「スッと見える立ち方」へ進みます。

司会者から名前を呼ばれるその時、あなたはまさに緊張MAXな状態だと思います。「このタイミングで、なぜボタン⁉」と感じたかもしれませんが、これにはちゃんとした理由があるのです。

準備運動でお伝えしたように、私たちは緊張すると、ベロや口の周り、肩などがガチガチに硬まってしまいます。本番前に準備運動をしてほぐすことができたとしても、自分の出番が来るまでに他の人のスピーチがあったり、はたまた出番そのものがかなり後だったりすると、待ち時間にも緊張するため、また硬まってきてしまうのです。

そんなふうに緊張したまま待機しなければならないときは、ジャケットのボタンを開けておきましょう。ボタンを開けておくことで、体を動かしやすく少しでも楽にしてあげるのです。出番が来るまでの間、もし、その場で体を動かせそうであれば、こっそりと小さく準備運動をするのも効果的です。

アクビも、肩ほぐしも、出番が来るまでこっそりと小さくやれば、いくらかは体をほぐすことができます。

そんなときにジャケットのボタンが閉まっていると、体そのものをジャケットにロックされてしまうため、窮屈でとても動かしにくいのです。だから、出番が来るまでは、体を動かしやすいように、ジャケットのボタンは「わざと」開けておきましょう。

ボタンを閉めるタイミングは、司会者から名前を呼ばれたとき、と覚えておいてください。これには、面白い理由があります。このタイミングでボタンを閉めると、「場慣れしているように見える」のです！

司会者が名前を呼ぶことで、会場の参加者は、あなたへと視線を移します。そのタイミングで、ボタンを閉じてスッと立ち上がることができると、何となく、こういうシチュエーションに慣れているように見えるのです。

実際のあなたは、場慣れなんかしていないし、逆にすごく緊張しているわけですが、参加者の目には、慣れているように見えるのです。「あの人、人前で話すときは、ちゃんとジャケットのボタンを閉めるようにしているんだ。慣れているんだなぁ～」と思われるわけです！（笑）。

体にもヨシ！　見た目にもヨシ！　ジャケットのボタンは「わざと」開けておいて、名前を呼ばれたら閉めて立ち上がりましょう。

①待機時間はボタンを開けて、こっそり準備運動をする。

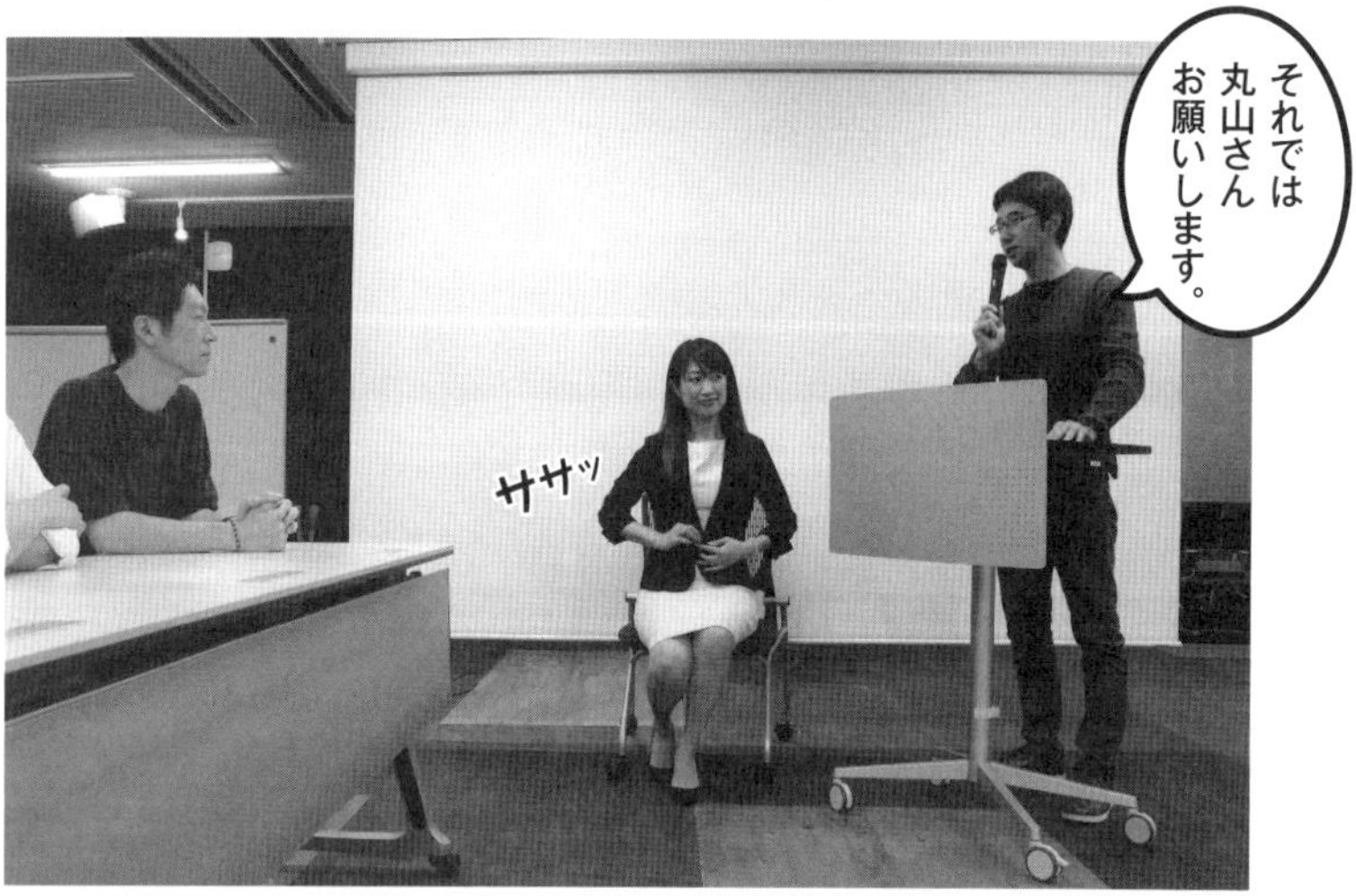

②名前を呼ばれたら、ボタンをひとつだけ閉める。
※いくつかボタンがある場合は、場所を間違えないよう気をつけましょう。

ボタンを閉めたら、次にご紹介する方法でスッと立ち上がります。

こんな簡単なテクニックで、出番中だとしても緊張と上手に付き合うことができるのです。

3 ★★☆ スッと見える立ち方

約1年前。私は、この本を出すため、同文舘出版さんへ直接企画をプレゼンさせていただけるイベント「出版会議」に挑みました。「緊張はチャレンジの証拠なのです！」など、ここまで綴ってきた内容をプレゼンしたのですが、実際にどのようなテクニックがあるのかも体験していただこうと思い、これからご紹介する「スッと見える立ち方」を披露しました。

そしてこのテクニックの重要性を説明し手順を伝えると、会場にいた全員が、どれどれ……と体を動かし、「わっ！　ホントだ！　笑！　すごっ！」と声をあげ、プレゼンは大成功！

すかさず「このようなテクニックがたくさんあるので、本を出させてください！」と猛烈にアピールして、今があります。

このテクニックは、テーブルと椅子さえあれば、どこでも簡単に実践することができます。

もしも、今、椅子に腰かけてテーブルに肘をついた状態で読んでくださっていたら、一緒に体を動かし、このテクニックを体験してみてください。

では、まず椅子に座ります。出番の前、まだ待機中の状態をイメージして座ってみましょう。待機中、テーブルに手を乗せることが多い人は、この本を持ちながらテーブルに手を置いてみましょう。よりリアルに効果を実感していただけるよう、普段通りに座ってみてほしいのです。…できましたか？

では次に、3・2・1のタイミングで、名前が呼ばれたとイメージして、立ち上がってみていただきたいと思います。いきますね？　3・2・1！　はい！　今、椅子が「ガタッ」とか「ギギ～ッ」と鳴った人！　その音！　その突っかかる感じ！　人前で立ち上がるときもその音が鳴っているのではないでしょうか？

人前で立ち上がるとき、ほとんどの人がスッと立ち上がることができません。椅子を引きながらガタガタッと大きな音を立ててしまったり、横が狭くて立ち上がるまでにあれやこれやと時間がかかったり、見た感じもスムーズではないためカッコ悪いのですが、緊張に対しても悪影響を及ぼしています。

スッと立って進むことができれば、なんてことのないシーンですが、こうやってガタガタ

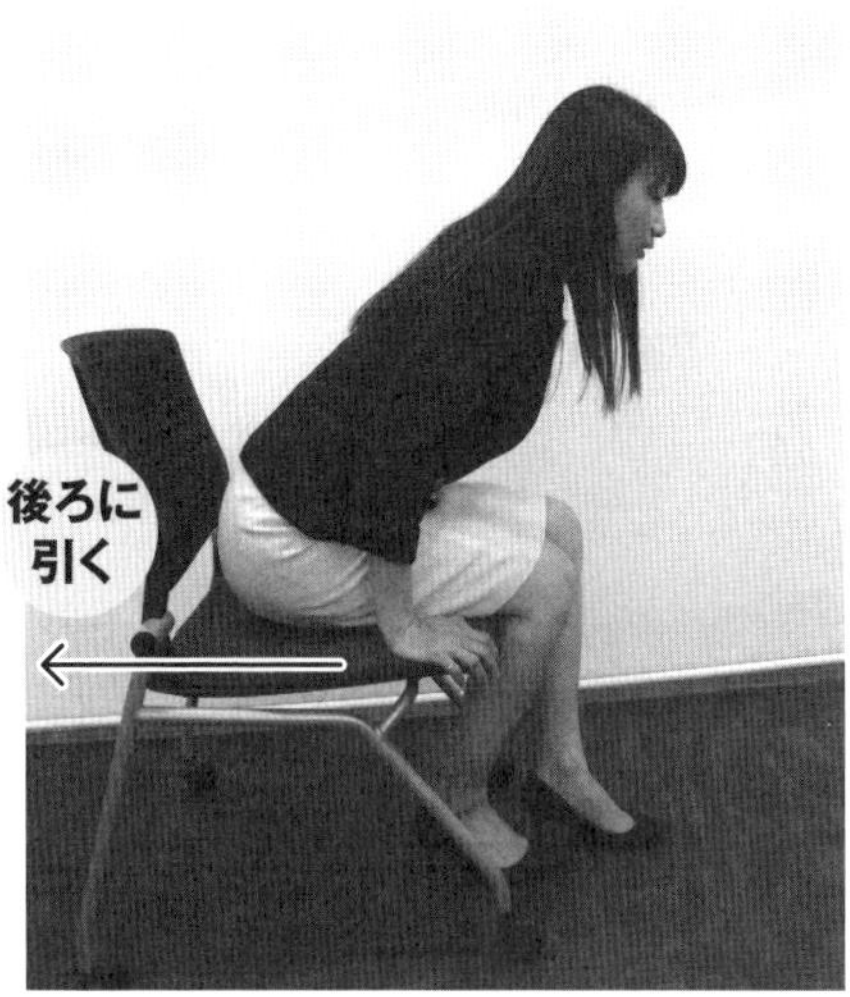

①出番が近づいてきたら、コッソリ椅子を後ろに引く。
※テーブルと椅子の間に、自分が立てるくらいスペースを空けるのがベスト。

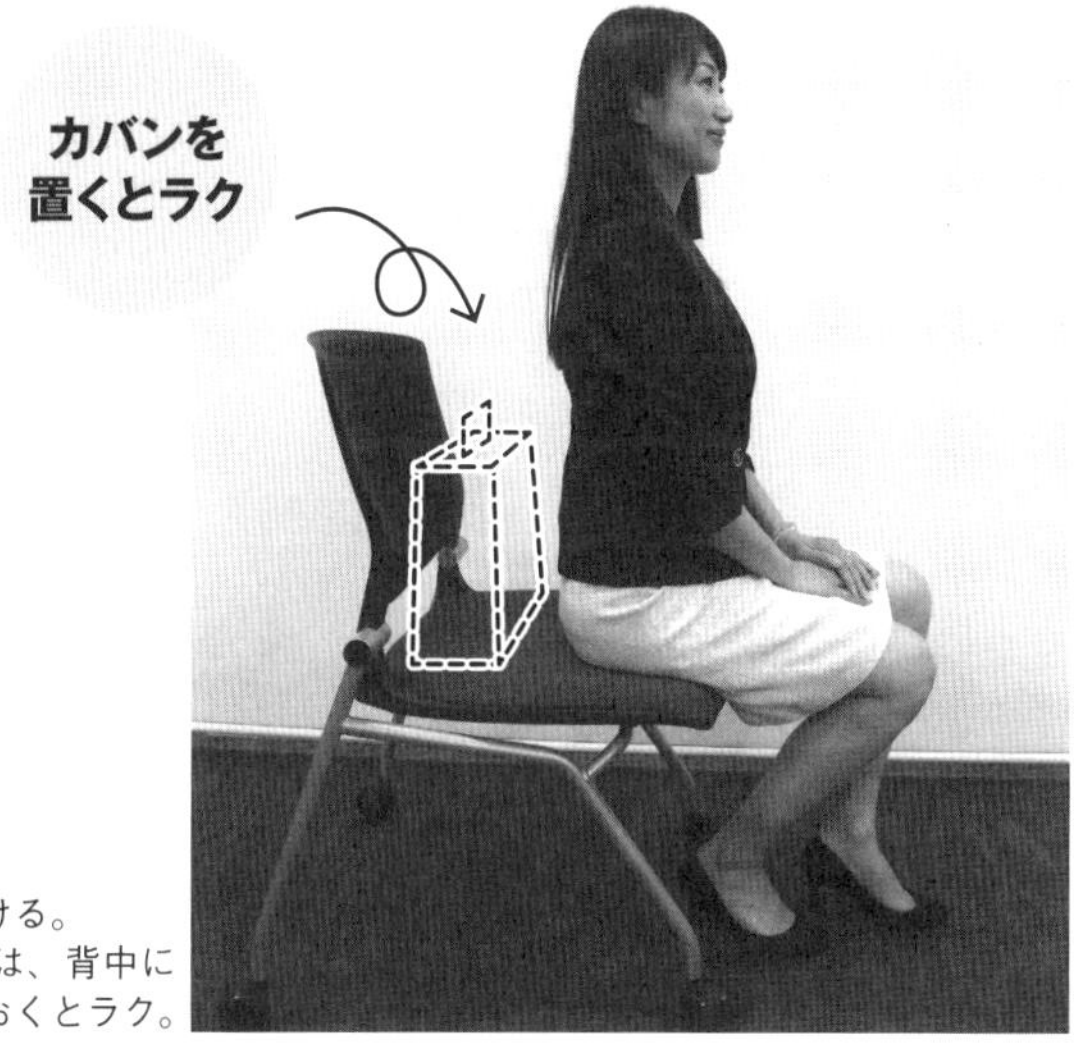

②椅子に浅く腰掛ける。
※腹筋が辛い場合は、背中にカバンを置いておくとラク。

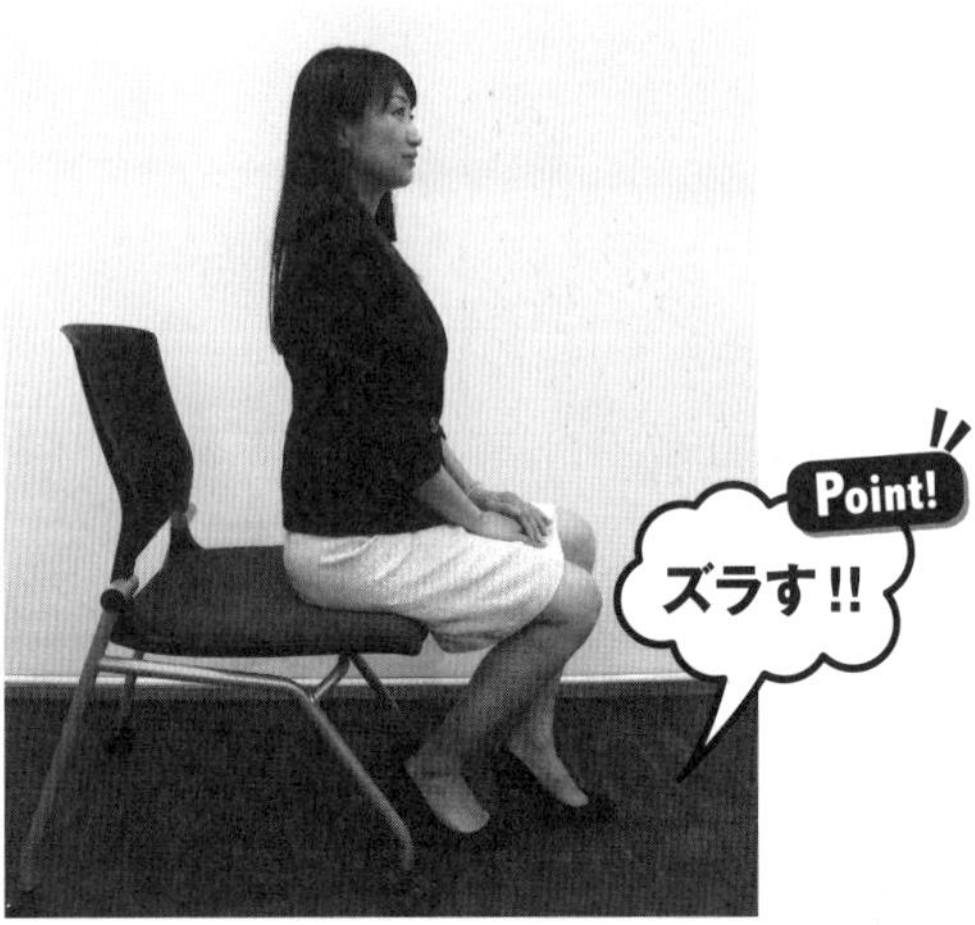

③左右の足を少しズラしておく。
※足を揃えておくよりも力が入るため、立ち上がりやすくなります。

もたもたすることで「わっ！」と、気持ちが焦ってしまうのです。

ただ立ち上がって前に進むだけのはずが、焦って緊張を高めてしまっているというわけです。もったいない！　非常にモッタイナイことです。だから私は、スッと立ち上がれるよう、こんな方法を編み出しました。

この状態でスタンバイしておけば、スッとスムーズに立ち上がることができます。もちろん、椅子のガタガタッという音も鳴りません。

前項でご紹介した、ジャケットのボタンを閉めるテクニックと連動させ、スッと立ち上がりましょう。会場の参加者の目には、あなたは「場慣れしている感、満載の人」

として見えることは、間違いありません。

4 ★★☆ マイクスタンドの使い方

続いては、マイクスタンドを使って話す場合のテクニックをご紹介します。

さまざまなパーティーや結婚式で司会をしてきましたが、ほとんどの人がマイクスタンドを上手に使いこなせていません。それどころか、笑いのネタにしている始末。わざとマイクに頭をぶつけ笑いを誘っている人を、1度は見たことがあると思います。この、笑いを誘うやり方は危険です。万が一ウケなかった場合「失敗した！」と焦り、緊張を高め「あがり」を発生させる可能性があるからです。

人前で緊張する私たちにとって、むやみに笑いを狙うことは、博打《ばくち》のような行為です。一か八かの賭けよりも、安全な道へ進みましょう。

マイクスタンドの最もやっかいな点は、お辞儀をするとマイクに頭がぶつかりそうになることです。しかも、その危険に気がつくタイミングは、まさにお辞儀をしている最中です。

頭を下げたそのとき「わ！　ぶつかる！」と気がつき、とっさにマイクの左右どちらかへ頭をズラします。これが原因で緊張が高まり「あがり」を発生させた人を、私はこれまでに何人も見てきました。だからこそ、マイクスタンドを甘く見てはいけないのです。

問題は、ただひとつ。マイクスタンドを使いこなせていないことです。ふだん使わないものだから、マイクスタンドの前に立つだけで緊張しますよね。緊張するとわかっているからこそ、事前にマイクスタンドの使い方を覚えておけば大丈夫。何も恐れることはありません。あっけにとられるほど簡単なテクニックです。1歩下がればいい、ただそれだけです。

1歩下がれば、あなたとマイクスタンドの間に空間ができるため、お辞儀をしてもぶつかる心配はありません。お辞儀をしたら、1歩前に進み、話しはじめればいいのです。ぶつかるリスクがなくなるのはもちろんのこと、お辞儀をした後で1歩前に進むことで、あなたは緊張していても、見た目では堂々と場慣れした印象に見せることができるのです。

とは言っても、先ほどのジャケットや椅子に比べて、マイクスタンドが出てくる可能性はとても低いため、私もいざと言うときにこのテクニックを思い出せず、失敗してしまうことが何度もありました。

そこで私は、このテクニックを習慣化させることにしました。マイクスタンドに拘らず、

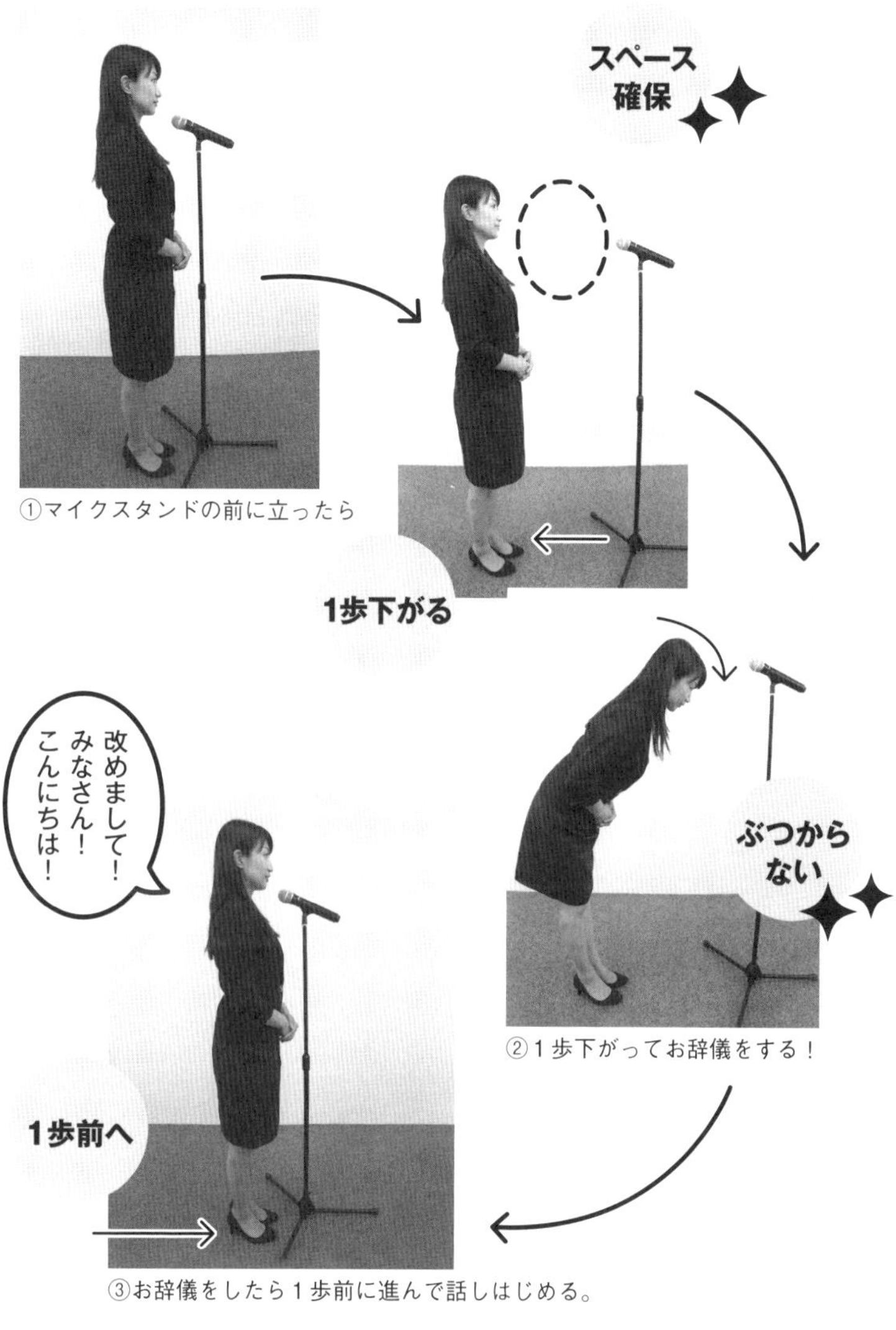

①マイクスタンドの前に立ったら

②１歩下がってお辞儀をする！

③お辞儀をしたら１歩前に進んで話しはじめる。

人前でお辞儀をするときは、必ず1歩下がってから頭を降ろすことにしたのです。この後、登場する「演台」を使って話すときも、ただ立って話すときも、営業先でお客様へお辞儀をするときにも、必ず、1歩下がってから頭を降ろすようにしました。

すると、それが当たり前の習慣になり、マイクスタンドの前でも、自然と1歩下がってお辞儀ができるようになったのです。

また、この習慣のおかげで、営業先のお客様から「丸山さんのお辞儀は、とても丁寧で、いつも素敵だなぁと感じているんですよ〜」という言葉をいただくこともできました。まさに一石二鳥♪　ぜひ今日から、お辞儀をするときは1歩下がってみてください。

5 ★☆☆

演台を使って楽をしよう

続いては、演台を使って話すときのテクニックをご紹介します。

最初にお伝えしておきます。演台は緊張する私たちにとって、最高のラッキーアイテムです。私は、打合せの段階で「演台のご用意が可能でしたら、ぜひお願いします！」とお願いしてしまうほど、演台ファンです。

なぜなら、演台さえあれば、緊張を、ものの見事に隠すことができるからです。足の震えも手の震えも、演台があれば隠すことができるのです。

そんな最高のラッキーアイテムの演台ですが、最初は苦手意識を持つ人が多いようです。そこでこの項では、実際に私が、どのように演台を使いこなしているかをご覧いただきたいと思います。

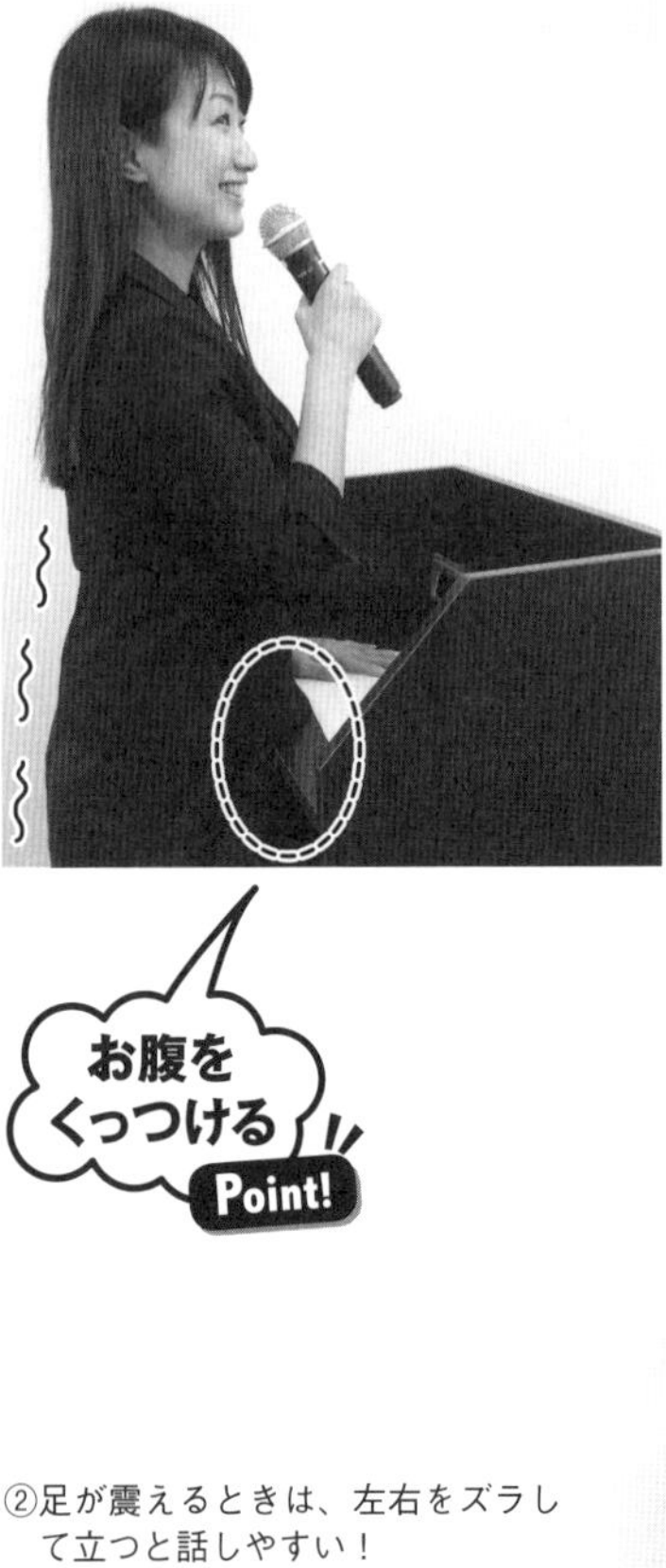

①体が震えるときは、演台にお腹を押しあてると止まる！
※緊張して体が震えていても、演台に体重を預けてしまえば、驚くほど楽に立つことができます。

②足が震えるときは、左右をズラして立つと話しやすい！
※見た目は美しくありませんが、このように立つと、足が震えていても踏ん張りがきくため、声が出しやすくなります。

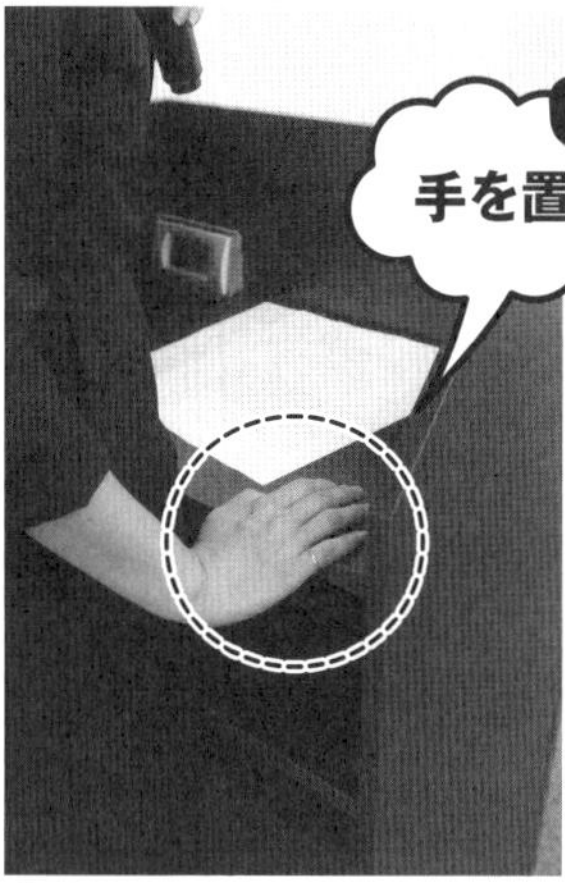

③手が震えるときは、演台に手を置いて隠す！
※しかも、前から見ると、逆に堂々としているように見えます。

④時計を見ながら話すことができる！
※緊張していると、時間の管理が難しいのですが、このような数字表記の時計を置いておくと緊張しても時間を見間違えることもありません。

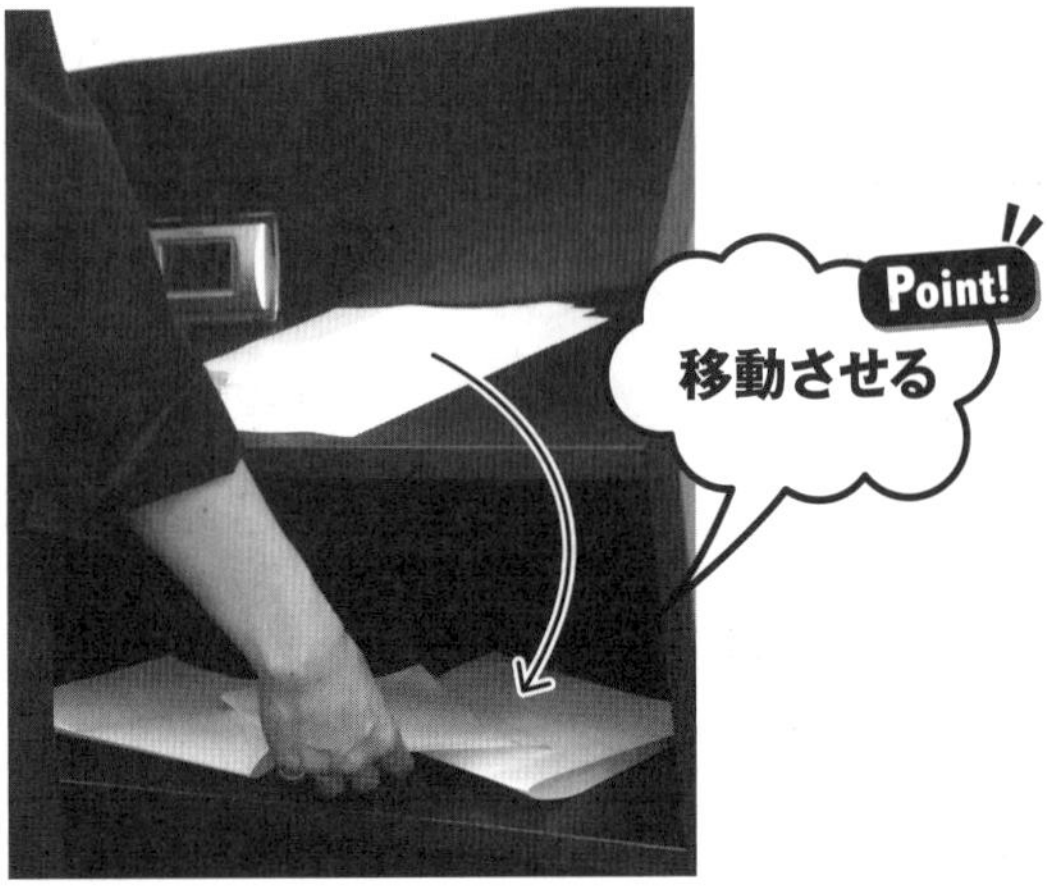

⑤読み終えた台本を移動させる。
※台本が何枚もある場合、全部を手に持ってペラペラめくっていかなければなりませんが、演台があるととても楽。読み終えた台本は、下にポイ♪これから読む台本だけが手元に残るため、取り間違えるリスクが激減します。

いかがでしょうか？　演台があると、震えを隠せるだけでなく、物を置いたり、作業がしやすくなったりと、いいこと尽くしです。もし、事前に聞ける場合は、私のように演台の有無を確認しておくと、当日への安心材料が増えるのでオススメです。

6
★★★

マイクを持つ手が震えるとき

あなたは、人前で話している最中に、マイクを落としたことはありますか？　私はあります。しかも、東京ビッグサイトで……。展示会でのプレゼンステージの真っ最中に落としました。緊張して手が震えすぎてしまって、必死に頑張ったのですが、震えているせいか握力がもたず、「ゴトッ」と音を立てて落ちていきました。

とても悲惨な状態でした。ステージの前には50人ほどのお客様が集まっていましたし、クライアントなど、関係者の方々も見ていましたから。

今思うと、「あがって」いたのでしょう。あの時の私は、〝手が震える〟という緊張のサインを、完全に無視していました。見て見ぬふりをしていました。当時は、緊張はなくすべき邪魔なものだと思っていましたし、緊張する自分に情けなさすら感じていたので、緊張のサインを無視して突っ走ろうとしていたのです。その結果、「あがり」を発生させ、マイクを落とすという大失態を演じたわけです。

タイムマシンであの頃に戻れるなら、当時の自分に教えてあげたいくらいです。手が震えるなら、こうやってマイクを持てばいいのよって。

緊張して手が震えるのは仕方のないことです。どうなるかわからないと不安を感じながら、慣れないことにチャレンジをしているわけですから、震えくらいは起こります。そんな時、私たちは「手の震えを止めよう」としてしまいがちです。

しかし、繰り返しますが、緊張して手が震えるのは仕方のないことなのです。手の震えを止める方法があるとするならば、そのチャレンジを中断して、その場から1秒でも早く退散することでしょう。

私たちは、チャレンジしたくて人前で話そうとしたはずです。中断して逃げるなんて、そんなの嫌ですよね。だったら、「手の震えを止めよう」とするのではなく、別の方法で「手の震え」と上手に付き合えば良いのです。

震えているということは、手がプルプルと動いている状態ですよね。止まっているものと、動いているものが目の前にあったとき、人は、動いているものを見てしまいます。つまり、人前で話すあなたの手がプルプルと動いていたら、会場の視線はあなたの手に集中してしまうわけです。「おいおい、あの人、すごく手が震えているけど大丈夫？」なんて思われてしまいます。

①マイクをアゴにつけてしまえば、手が震えていてもバレない！

こんな状況で、あなたがいくら頑張って話をしたとしても、話の内容より、震える手の印象が強く残ってしまいます。だからこそ、手が震えるときは、その震えが見えないよう、隠してあげれば良いのです。

簡単です。マイクを使って話す場合、手が震えてマイクがユラユラ揺れてしまうなら、そのマイクごと、体にくっつけてしまいましょう！

私はよく、アゴにマイクをくっつけています。マイクの先端の丸い部分を、アゴにつけてしまえば、マイクを固定できるため、たとえ手が震えていても、マイクを揺らさずに持つことができます。つまり、手が震えているなんて、見た目にはわからなくなるのです。

通常、マイクは片手で持つ人が多いのですが、もし、とても緊張して手の震えが大きく出てしまっている場合は、遠慮なく〝両手で〟マイクを持ってください。両手で持ち、アゴで固定してしまえば、緊張していても手が震えていないように見えます。

7 ★★★

道具がなくても手足の震えを隠す方法

ここまで、演台やマイクなど、道具がある場合に使える震えの隠し方をご紹介してきました。しかし実際には、演台やマイクなどの道具はなく、ただ立って話すシーンも多々あります。オフィスや、ちょっとした催し会場で話すときなど、自分の体ひとつで人前に立って話さなければならないこともあります。続いては、そんな、「道具がないときに震えを隠す方法」についてです。

人前に立つときに、大きく震える部分と言えば、手足ではないでしょうか？　私の場合は、手のほうが震えますが、人によっては膝のあたりがガクガクして足のほうが震えることもあるようです。

いずれにしても、手足に緊張のサインとして震えが起こっているのですが、その震えのほとんどが、人前に立つ前、待機の段階から始まっています。ですので、手足の震えに対応するには、待機から登場までの時間を上手に使うことがまずポイントになります。

それでは、足の震えに対するテクニックからご紹介します。

人前で足が震えやすい人は、待機中に足を動かすことが極端に少ないようです。緊張すればするほど体がガチガチに硬くなることは、ここまでにも何度かお伝えしてきましたが、実は、待機中に一番ガチガチになる部分が〝足〟なのです。顔は、瞬きをしたり、リアクションすることで動かすことができます。手は、拍手をしたり、メモを取ると動かすことができます。

しかし、足はどうでしょう？　いったんしっかりと座ってしまったら、待機中にほとんど動くことはありません。そしてどんどんガチガチになり、そのまま人前に立ったら、緊張の影響が出やすいというわけです。

ですから、まず、人前で足が震えやすい人は、待機中に足を意識的に動かしておきましょう。私は、よく、グルグルと足首を回しています。周りから足元が見えない死角になっている場合は、カバンに忍ばせてあるテニスボールを置いて、足裏でグイグイ踏んでいたりもします。こうして、できる限り待機中に足をほぐしておくわけです。

そして、もうひとつ。出番が来て人前に立つときは、足をピシッと揃えて〝立たない〟ようにしてください。男性でも女性でも、足をピシっと揃えて立つと、よけいな力が入って一気に硬まってしまうため、震えが起こりやすくなります。足をピシッと揃えて立つことは、とても危険なのです。

そのため、私はわざと違う立ち方をします。ちょっとだけ、足を前後に開いて立つのです。こうすることで、体重を支えやすくなります。

話しはじめてからも、足は自由に動かしながら話しましょう。硬まりにくく、震えにくくなります。動きながら話すことで、多少震えていても、見る側からしたら、震えなのか動いているのか、見分けはつきません。人前で足が震えやすい人は、待機中にほぐし、ちょっと開いて立つようにしましょう。

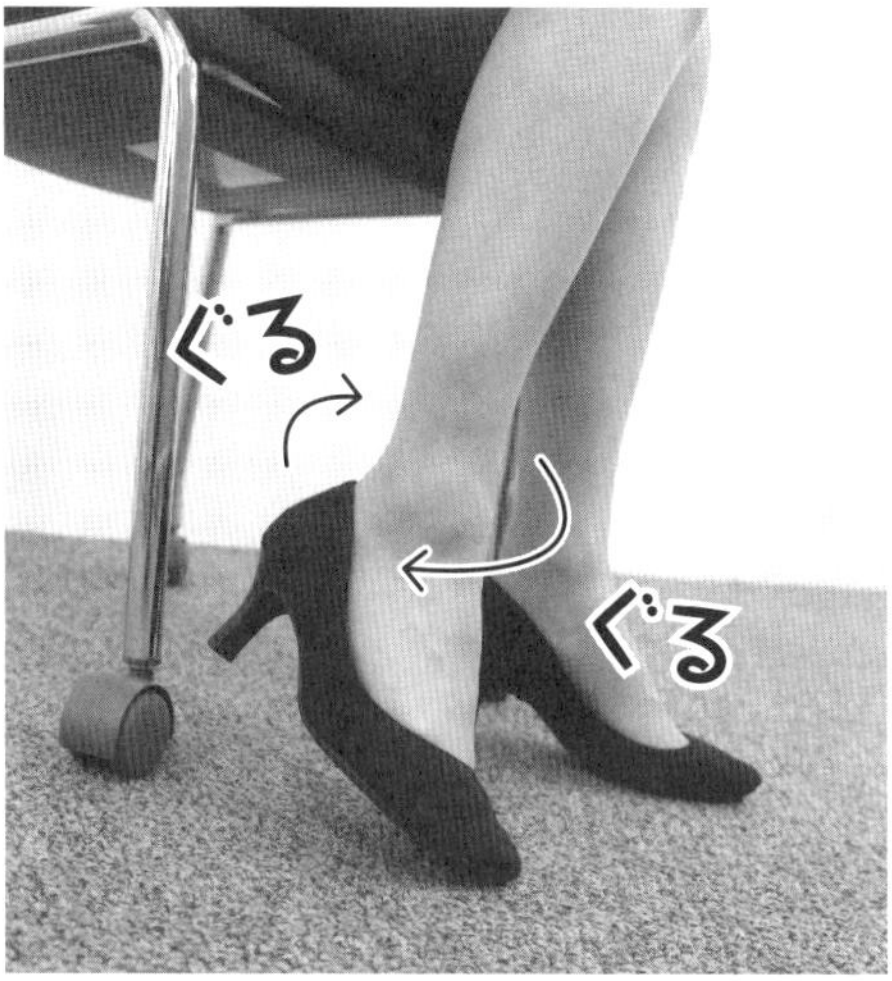

待機中にこっそり足首をグルグル回しておく。

足を前後に開いて立つと震えていても
立ちやすくバレにくい！

次に、手の震えに対するテクニックをご紹介します。これは、ビックリするほど簡単なものです。ただ、潔く、後ろに手を隠してください。

とくに、緊張するとほとんどの人は、手を前に伸ばした状態で重ね、脇が閉まり、猫背になり、上半身がどんどん硬まっていく……という悪循環に陥ります。こんな状態では、体がどんどん硬まっていくため、緊張が高まり、震えが起こって当然です。

だから、人前で手が震えやすい人は、あえて、手を後ろに組んでしまいましょう。後ろに組むと、胸が開き、猫背も改善されます。声も出しやすくなります。なにより、もし手が震えていても、後ろに隠しておけば、会場の人にはまったく気づかれずにすむのです。

①緊張した状態で手を前に出すと猫背になり、声も出しにくくなる。

②あえて震える手を後ろに隠してしまえば、震えもバレず、声も出しやすくなる。

8 ★★★ 緊張したら〝遠く〟を見る

また、震えと同じくらいよく聞かれるのが、〝目線〟についての質問です。

5〜10人の前でなら何とかアイコンタクトができるのですが、もっと大勢の人の前で話すとなると、「どこを見たらいいの⁉」と悩む人が多いようです。ここからは、緊張してどこを見たらいいかわからなくなったときに使えるテクニックをご紹介します。

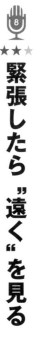

このテクニックは、難易度が★2つです。少しだけ、勇気が必要になるからです。でも、そのちょっとした勇気さえあれば、まるで緊張していないように見せることもできますし、自然と、聞き手とのアイコンタクトまでできるようになります。ぜひ、出番が来て人前に立ったら、少しだけ勇気を出してやってみてください。

大勢の人の前で話すときは、あえて目の前の人たちを〝見ないで〟ください。よく、本に書かれているテクニックで、「会場の中から、目を見て自分の話を聞いてくれている人を探し、その人に向けて話しましょう」というものがありますが、私は、それで成功した試しがありません。むしろ、緊張を高めることのほうが多かったように感じています。

なぜなら、まず、私を見てくれる人を探すこと自体が難しかったからです。目の前にズラッと並んだ人の顔を見るだけでも緊張するのに、さらに、その中から目が合う人を探すなんて……。そのせいで、よけいに緊張が高まり、「あがり」が発生してしまうケースが多々ありました。

だから私は、真逆のことをやってみました。大勢の人の前で話すときは、あえて、その人たちを〝見ない〟のです。

では、どこを見ていたかというと……。一番後ろの席の、さらにその奥を見ます。たとえば、結婚式の司会をする場合、会場の一番後ろの席の奥には、だいたい出入り口用の扉があるので、その扉を見て話します。

たとえばセミナー会場で、大勢の人の前で講師をする場合、一番後ろの席の奥にある壁を見ています。会場の人たちの顔は、これっぽっちも見ていません。だって、見るとよけいに緊張してしまうからです。「ジャガイモだと思えばいい」なんて言われても、どう見ても、人にしか見えません。だから、緊張が落ち着いてくるまでは、あえて、その人たちを一切見ないことにしています。

一見、失礼そうに感じるかもしれませんが、この方法は意外な効果をもたらします。一番後ろの席の、さらに奥を見ることで……、そうです、自然と顔が上がって、堂々と話しているように見えるのです。

緊張していると、無意識に顔が下に向いてしまいます。しかし、話しはじめるときに、少しだけ勇気を出して、おもいっきり遠くを見ると、自然と顔が上がるので緊張していないように見えるのです。

出番が来て人前に立ったら、少しだけ勇気を出して、おもいっきり遠くを見てみましょう。あなたは、本当は緊張しているかもしれませんが、会場の人から見たら「顔を上げて堂々と話せるなんて、慣れているんだなぁ～」という印象になります。

①大勢の人の前では、一番後ろの席の、さらにその奥を見る！

②自然と顔が上がるので堂々とした印象になります。

不思議なもので、このように、遠くを見てから話しはじめると、ほぼ100%の確率で、いつの間にか聞き手とのアイコンタクトができています。とくに、目が合う人を探したり、聞き手をジャガイモだと思ったりしなくても、なぜか、アイコンタクトが自然にできているのです。

話しはじめるときに、ちょっとだけ勇気を出して、一番後ろの席の、さらにその奥を見るようにしてみましょう。あなたに対する印象もよくなる上に、もう「どこを見たらいいの!?」などということにも悩まなくなります。

後藤靖治さん（東京都在住：柔道整復師）エピソード

私は、医療関係の仕事をしています。その中で、最も患者さんに伝えていることが、「運動で痛みを改善する方法」です。体の痛みに悩む多くの人に伝えるべく、4年前から毎月20人ほどを集客して講演を行なってきました。

最近では、その講演活動をきっかけに別のイベントからも声をかけていただけるようになり、100人以上が集まる会場で話す機会も増えてきました。

体の痛みに悩む人に伝える機会が増えることはとてもありがたいのですが、実は、ずっと困っていたことがありました。私は、根っからのあがり症なのです。人前で講演をする人といえば、人前で話すことが好きで緊張しないだろうと思われるようですが、そんなことはありません。とても緊張します。

何年も前から「緊張をなくしたい！」と思い、必死に努力してきました。私の場合、講演などで人前に立つと、緊張して気持ちが焦ってくるのです。心の中で「落ち着け、落ち着け」と何度も唱えますが、その思いとはウラハラに、緊張に拍車がかかってよけいに焦って頭が真っ白になることもしばしばです。恥ずかしいことに、講演の参加者から「緊張していましたね」と言われてしまうことも多々ありました。

私は、実際にどう行動すればいいのかわからず困っていました。講演を何度やっても、何年やっても空回りしてしまう自分を情けなく感じていました。「どうして、緊張をなくせないのだろう」「講演なんて、自分には向いていないんじゃないか？」と思い、密かに自信をなくしていたのです。

そんなとき、イベントの司会としていらっしゃっていた丸山さんと出会いました。そして、「緊張は、チャレンジしている証拠」「なくすものではなく、うまく付き合っていけば良い」

という考え方を教えてもらい、緊張に対する意識を変えることができたのです。

先日、部下の結婚式で主賓挨拶をしました。口から心臓が飛び出すほど緊張しました。今までの私なら、「落ち着け、落ち着け」と心の中で唱えて失敗していたことでしょう。しかし、この日は違いました。緊張しているのは〝主賓挨拶という大役〟へチャレンジしようとしている証拠であり、このチャレンジの先には成長が待っていると思えたのです。

そして、この緊張と付き合うためのテクニックを丸山さんから教えてもらい、試してみることにしました。とても簡単なことでした。マイクスタンドの前に立ったら、一歩下がって礼をする。そして、礼をしながら心の中で「よろしくお願いします」と言う。ただこれだけ。ですが、その即効性には心底驚きました！　聞いていた方から、「このような場に慣れているんですね」とか、司会の方からは「全然緊張していませんでしたね！」と言ってもらえたのです。会場で撮影した動画も確認してみました。スゴイ！　緊張していないように見える！（笑）。　あれほど自信をなくしていた自分がウソのようでした。

この場をお借りして、丸山さんにお礼を言いたいのです。緊張は、なくすのではなく見えないように隠せばいい。緊張の先には、自分の成長が待っている。緊張できる機会は、貴重な時間なのだと気づくことができ、緊張する自分に悩まなくなりました。本当にありがとうございます！

この本を読んでいる方も、ぜひ、この即効性のある「マイクスタンドの前に立ったら、一歩下がって礼」を実践してみてください。私も、さらにこの本のテクニックを身につけて、1人でも多くの、体の痛みに悩む人へ「運動で痛みを改善する方法」を伝えていけるよう、チャレンジしていきたいと思います。

5章

いよいよ本番！

スタート編

お待ちかねのチャレンジタイム！

ついに、このときが来ました！　声を出し話していくシーンです！

ここからは、さらにたくさんのテクニックをご紹介していきます。「場の空気を掴む第一声の決めゼリフ」をはじめ、「プレゼンでパワーポイントを使う場合のコツ」や、「説得力が高まるジェスチャーの使い方」などなど。ちょっと、言い方や身振り手振りを工夫するだけで、あなたがいくら緊張していても、緊張していないように見える、そんな魔法のようなテクニックばかりを集めました。ぜひ、実際に声を出したり、体を動かしながら、やってみてください。

いよいよ人前で話すわけですが、これにチャレンジしたくてここまで来たのですよね。移動中やトイレで準備運動をしたり、緊張した体と上手に付き合いながら、やっとここまで辿り着くことができました。あとは、目の前のみなさんに向かって、自分の言葉で話して伝えるのみです。このチャレンジをするために、ここまでやってきたのです！　思う存分、楽しみましょう！

大丈夫、体もしっかりほぐれているし、登場シーンでも上手に緊張を隠せていますから、会場から見たあなたは、とても堂々とした状態に見えているはず。あとは、場の空気を掴みながらわかりやすく話すだけです。「それが一番難しい」なんて、思わないでくださいね。

ここまで読んでくれたあなたを、「じゃあ、あとは頑張って」なんて、私が見放すわけがないじゃないですか。ちゃんと、用意してありますから。場の空気を掴む方法も、わかりやすく話す方法も。だから、心配なんか要りません。ここまでと変わらず、話しているときに起こる緊張への付き合い方を、先に覚えてしまえば良いだけです。

もしかすると、あなたが歩んできた人生の中には、人前で話して「あがって」しまったり、大失敗をしたり、思い出したくもない苦い記憶があるかもしれません。

でも、その過去のあなたと、ここまで読んでくれた現在のあなたは、まったくの別人です。だって、今ならわかるはずです。移動中に何をすれば、ベロをほぐせて話しやすくなれるのか。本番前にトイレに行くことで、どれほど声が出るようになるか。

今のあなたは、なぜ緊張が起こるのか、緊張を感じたときには、どうすればいいかを知っています。過去の苦い経験をしたあなたとは、全然違うはずです。

今のあなたなら、大丈夫です。今のあなたなら、人前で話しても残念な結果になんかなりません。

人前で話すことにチャレンジした先には、見たこともない新しい世界が待っています。チャレンジした人にしか見ることができない、新しい世界があるのです。「緊張するし、苦手だからやめておきます……」なんて、人前で話すことから逃げている人には、絶対に見ることができない世界です。チャレンジしたあなただからこそ、見える世界なのです。人前で話し終えた瞬間から、見える景色がガラリと変わります。楽しみにしていてください。

さあ、それでは！

新しい世界への扉を開いていきましょう！

《出だしで使えるテクニック》

とても重要な、出だしのシーンで使えるテクニックを3つご紹介します。

2 ★☆☆

場の空気を掴む！　第一声の決めゼリフ

話しはじめの第一声、あなたなら、まず何と言うでしょうか？

人前で緊張している中、この〝第一声で何と言うか〟で戸惑うと、スムーズに話しはじめることができず、出だしからつまずいた状態になってしまいます。わかりやすくたとえると、運動会で「よーい、ドン！」と走り出した瞬間に転んでしまうのと同じです。気まずいし、かっこ悪いし、何より恥ずかしさでいっぱいになります。1位をとりたい気持ちなんか消え失せて、ゴールに向けて走る100mがまるで罰ゲームかと思えるほど、辛い時間に感じるのではないでしょうか。

人前で話すときも同じです。第一声で何と言うか考えていない状態で、さらに緊張が重なると、出だしで転んで辛い時間がはじまることになります。でも、大丈夫。〝第一声で何と言うか〟さえ決めておけば、そんな事態を招くことはありません。

私は、とっておきの決めゼリフを作りました。何度も試行錯誤して、場の空気を掴む決めゼリフを完成させたのです。プレゼン・挨拶・司会など、あらゆるシチュエーションで使える最強の決めゼリフです。

「改めまして！　みなさん！　こんにちは！」

非常にシンプルですが、この決めゼリフには、ものすごい威力があります。何と、場の空気をいったんリセットして、一気にガシッと掴むことができるのです。

たとえ、自分の前に話した人が、とても退屈な話をして、会場の空気がドンヨリとしていても、ランチ直後で、会場に眠気がただよっていたとしても。第一声に、この決めゼリフを言えば、場の空気がリセットされて、一気に注目を集めることができます。

ポイントは「！」を付けることです。「改めまして！　みなさん！　こんにちは！」この3か所に、必ず「！」を付けてください。「改めまして、みなさん、こんにちは」ではなく、「改めまして！　みなさん！　こんにちは！」と言うのです。

「！」があるのとないのとでは、効果に雲泥の差が出ます。きちんと「！」をつけて言うと、会場から「こんにちは」と声が返ってきます。このように、第一声では、会場の人が、思わず声を返したくなるような挨拶をすることが大切なのです。

ほとんどの人が、第一声では〝挨拶〟をします。しかし、突然「こんにちは」と言っても、相手に聞く準備ができていないと、聞き流されてしまいます。相手は、別のことを考えていたり、手元でスマホをいじっている場合もあります。そんな状態で挨拶をしても、伝わるはずがありません。

あなたが、いくら頑張って第一声を発しても、伝わらなければ意味がないと思いませんか？　場の空気を掴むどころか、そんな雰囲気の中で話しはじめても、さらに緊張していくだけです。第一声で大切なことは、〝挨拶〟を相手にきちんと伝えること。

なかには、人から挨拶をされても無視をする心ない人もいますが、ほとんどの人が、挨拶をしたらきちんと返してくれます。話しはじめの第一声では、ぜひ、会場に来てくれた方々と、気持ちの良い挨拶を交わしてください。

そこで役立つのが、この決めゼリフ、「改めまして！　みなさん！　こんにちは！」です。まず、「改めまして！」と言うことで、別のことを考えている人にも、手元でスマホをいじっている人にも、「おっ、何かはじまるんだな」と合図を伝えることができます。そして

「みなさん！」と続けて、「あなたに話しかけていますよ」と伝えるのです。

そのように、きちんと伝えた上で、「こんにちは！」と挨拶をしましょう。会場から「こんにちは！」と声が返ってくれれば、気持ち良くスタートを切ることができますよ。

①突然「こんにちは」と言っても…聞き手には伝わらない。

②「改めまして！　みなさん！　こんにちは！」聞き手にしっかり挨拶を届け、気持ち良くスタート！

このように、第一声で会場全体とコミュニケーションがとれると、一気に場の空気を掴み、気持ち良く話しはじめることができます。「よーい、ドン！」で転んでしまうより、ゴールテープに向かって気持ち良く走れるほうが絶対に楽しいはずです。

3 ★☆☆

良い流れを生む話し方

「改めまして！　みなさん！　こんにちは！」の決めゼリフで、気持ち良くスタートができたら、そのまま流れに乗って、うまく加速していきたいものですよね。決めゼリフから良い流れを生み出すためには、会場から返ってくる「こんにちは！」という声を、しっかりと受け止めることが大切です。

私たちは、緊張すると周りが見えなくなります。誰がどこに座っているとか、どこに時計があって今は何時なのかなど、ふだんなら気づくことでも、緊張すると視野が狭くなり見えなくなってしまいます。

なぜなら、このとき私たちの体は、「どうなるかわからない」「ここは危険だ」と、必死な状態だからです。そのような状態で、周りを気にしている余裕などないわけです。

でも、「ここは危険だ」というのは勘違いです。ここは危険な場所ではありません。たしかに、自分が話した結果、どうなるかはわからないけれど、決してここは、危険な場所ではありません。だから、「ここは危険な場所ではないよ」「そんなに必死にならなくても大丈夫だよ」と体に教え、誤解を解いてあげましょう。まさに、緊張と上手に付き合うということです。

なぜ、もう一度この話をしたかというと、会場から「こんにちは！」と声が返ってきたこの瞬間は、自分が緊張と上手に付き合えているかをチェックすることができる重要なシーンだからです。こんな人を見たことはありませんか？　会場が「こんにちは！」と返しているのに、その途中でかぶせるように次の内容を話している人を。

このような人は、緊張と上手に付き合えていない人です。会場から「こんにちは！」と声が返ってきているのに、気がつく余裕がないため、すぐに次のことを話しはじめてしまいます。挨拶をして、相手が挨拶を返してくれているのに、無視してかぶせるように話すなんて、失礼ですよね。

これでは、せっかく決めゼリフを使って気持ち良くスタートができても、気持ち良いのは自分だけです。会場は置いてけぼり。そんな状態で良い流れを生み出すことはできません。

良い流れというものは、自分も相手も双方良しの場合に起こるものです。自分勝手に進めても、決して起こすことはできません。このシーンは、まさに最初の最初です。ここでこそ、緊張と上手に付き合いましょう。

では、どのようにすれば、返ってきた挨拶を無視せずに受け止めることができるのでしょうか？　もう、おわかりですよね。そうです。会場から返ってきた挨拶、「こんにちは！」を最後までちゃんと聞いてから、次の話をはじめましょう。

×声が返ってきている途中で話す。

○声を受け止めてから話しはじめる。

たったこれだけ!?　と思われるかもしれませんが、返ってくる挨拶を無視して話しはじめる人は、とても多いのが現実です。この状態で話を進めても、緊張は高まるばかりで、数分もしないうちに「あがり」を引き起こしてしまいます。緊張には、支配されるのではなく、上手に付き合っていきたいものです。

決めゼリフの後のこのシーンは、時間で言うと一瞬です。しかし、そんな一瞬の時間でも、勢いで終わらせるのではなく、しっかりと受け止めて進めていきましょう。会場のみなさんが、あなたに「こんにちは！」と返してくれている、とてもうれしくてありがたい時間なのですから。

4
★★☆
しっかり伝わる名前の言い方

決めゼリフから返ってきた挨拶をしっかり受け止めて、会場の雰囲気がいい感じになってきました。さぁ、この流れを加速させていきましょう！

挨拶の次に伝えるものといえば、名前です。「○○と申します」と、自分の名前を伝えるわけですが、多くの人が、ここで流れを止めてしまっているのです。緊張していると、勢いに任せて名前をゴニョゴニョッと駆け足で言ってしまいます。聞き手からすると「……？聞き取れなかった」という状態です。

わかりやすく、家に来た訪問者でたとえてみましょう。「ピンポーン」あなたの家のチャイムが鳴りました。インターホンを取って、「どちら様ですか？」と聞いたところ、相手はゴニョゴニョッと名乗りました。「×○△¥※と申します」……こんなふうに、名前が聞き取れなかったらどうでしょう？　扉を開けることへ抵抗を感じるのではないでしょうか？人前で話すときも同じです。誰だかわからない人の話に、聞き手は心の扉を簡単には開いてくれません。

このシーンは、流れを加速していきたいシーンです。聞き取ってもらいやすい言い方で、しっかりと自分の名前を名乗りましょう。では、どのように名乗れば、緊張していても、しっかりと名前を伝えることができるのでしょうか？

簡単な方程式を使います♪

「ゆっくり、ハッキリ＋早口」。

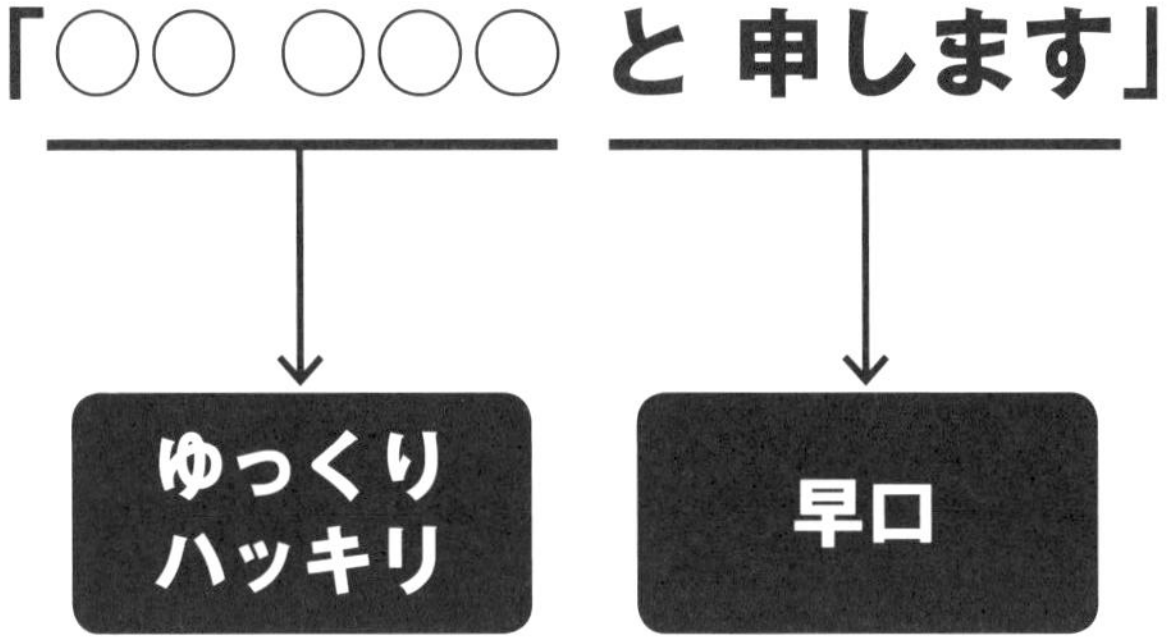

①○に名前を書いて、声に出してみましょう。

私の名前で試してみましょう。「丸山久美子と申します」というセリフで、名前をしっかり伝えたいとします。しっかりと伝えたい部分は、ゆっくり、ハッキリと言うのです。このセリフでしっかり伝えたい部分は、「丸山久美子」という名前です。「丸山久美子」の部分をゆっくり、ハッキリ言った後、次に来るセリフ「と申します」を早口で言うわけです。実際にやってみていただきたいと思います。

この○○の部分にあなたの名前を書いて、声に出して言ってみてください。

いかがでしょうか？　このように「ゆっくり、ハッキリ＋早口」の言い方で名乗ると、セリフにメリハリが出るので、ゴニョゴニョとした印象にならず、しっかりと名前を伝えることができるのです。つまり、緊張していても、この方程式を使って名乗れば、緊張していないように言えるわけです。

5 ★★★ 拍手をもらって盛り上げる方法

決めゼリフでスタートし、会場から返ってくる挨拶を受け止めて、しっかりと自分の名前を伝えることができたら、流れを加速させ、一気に盛り上げていきましょう。

出だしのシーンを盛り上げることができると、間違いなく、聞き手があなたの話を集中して聞いてくれるようになります。すると、「この人は面白そうだ」「話を聞いてみたい」と、聞き手はあなたに興味が湧きます。人の話を聞く側になったときのことをイメージしてみてください。

興味がある話は集中して聞きますが、逆に興味のない話には、集中するまで時間がかかる、または聞く気が起きませんよね。

このように、興味のある・なしは、聞き手の集中力に大きく影響を及ぼします。より集中して聞いてもらうためにも、この出だしのシーンで盛り上げることは、とても大切なことなのです。

しかし、緊張して焦っている人は、そこまで気が回りません。盛り上げるどころか、自分が必死すぎて暴走してしまうのです。暴走がはじまると、聞き手との温度差はさらに大きくなります。雰囲気が悪くなるのを感じながら、緊張がどんどん高まり、自ら「あがり」を引き起こすのです。

でも、心配は要りません。ここまでの流れを作ってこられたあなたは、きちんと、緊張と上手に付き合うことができています。あとは、この流れに乗るテクニックを使って、一気に盛り上げるだけです。


名前を伝えたあなたは、次に何を言おうかなどと考えなくても、きっとこの言葉が自然と口から出てくるはずです。「よろしくお願いします」と。

この言葉が出たことを合図に、頭を深く下げてください。すると、会場から拍手が起こります。このとき、ほとんどの人は、頭を深く下げることができません。ペコッと軽くお辞儀をするため、拍手があっという間に終わってしまい、会場が盛り上がっている雰囲気になりません。

しかし、ここで、深く頭を下げて、会場からの拍手をしっかり受け止めることができると、会場に一体感が生まれ、とても盛り上がっている雰囲気になるのです。

よく、新入社員研修などで深いお辞儀をレクチャーする際は、「1、2、3と数える」と教えるそうですが、緊張に悩んでいた頃の私には、この方法は再現しにくいものでした。

なぜなら、挨拶をして名乗って、「よろしくお願いします」と頭を下げた瞬間、「1、2、3」と数字を数えることに、頭を切り替えることができなかったからです。流れに乗っているため、頭の中は完全に「よろしくお願いします」のモードになっていて、急に数字を数えるモードに切り替えるのは至難の業でした。

だから、こうしました。頭を下げたらもう一度、「よろしくお願いします」と繰り返す。これなら、頭を無理やり切り替える必要がないので、緊張していてもやりやすいのです。声に出す出さないは、どちらでもかまいません。私の場合は、お辞儀をしたらちょっとだけ口を開けて、声になるかならないかくらいの小声でもう一度、「よろしくお願いします」と言っています。

①「よろしくお願いします」と言い頭を下げる。

②頭を下げたまま、もう１度「よろしくお願いします」と小声で繰り返す。

言い終わったら、頭を上げましょう。

完璧です！　会場から見たあなたは、場を盛り上げることができる人という印象になっています。このように、出だしで会場を盛り上げることで、聞き手の興味を引くことができるのです。興味を持って話を聞いてもらうことができれば、あなたのチャレンジの先にある未来も、きっと明るいものになるでしょう。


……あっ、ひとつ伝え忘れました。

もしマイクスタンドがあった場合には、80ページでご紹介したように、一歩下がってから頭を下げてくださいね。くれぐれも、マイクへ頭をぶつけないよう、お気をつけくださいい（笑）。

6 西澤ロイさん（千葉県在住：英語講師）のエピソード

「第一声の決めゼリフ」について、僕が丸山久美子さん（以下、丸ちゃん）から教えてもらったのは、ラジオ収録の最中でした（僕と丸ちゃんは、ビジネス数学の専門家、深沢真太郎氏と3人で「めざせ！　スキ度UP」というラジオ番組をやっています）。

それまで僕は、いきなり「みなさん、こんにちは！」と挨拶していました。しかし、丸ちゃんが教えてくれたノウハウは「改めまして」ではじめなさい、というものでした。僕は内心「そんなに効果があるのかな……？」と半信半疑でした。

僕はラジオの他にも、英語の講座や講演など、人前で話す機会はよくあるので、さっそく試してみることにしました。ちょうどよい機会がやってきたのは約1週間後です。とある発表会で、6～7名が、それぞれ約30分の持ち時間で発表を行なうという企画があり、僕も発表者として参加したのです。お客様は30名ほどでした。

まず僕は、他のメンバーの挨拶を観察しました。司会から紹介された後、「こんにちは、○○と申します」とすぐに話しはじめてしまい、聴衆からまったく返事をもらえない人。いきなり「こんにちは！」と挨拶をして、数名からパラパラと「こんにちは……」と返ってくる人。全員がこのどちらかのパターンでした。そして、ついに僕の出番がやってきました。「丸ちゃん、頼むよ！」。僕は丸ちゃんのことを信じて、口を開きました。

ロイ「改めまして！　みなさん！　こんにちは!!」

聴衆「こんにちは!!!」

「おおーっ！　ちゃんと返ってきた！」しかも、すごく気持ちが良かったのです！　良いスタートが切れたことで、その後も気持ち良く話すことができました。

「終わりよければすべてよし（All's well that ends well.）」という言葉がありますが、人前で話すことに関して言えば、はじめがいいと最高ですね！　仮に、あまり人前で話したことがなく、内心は自信がない人であっても、この「第一声の決めゼリフ」ひとつで、まるで人気講師であるかのように場の空気を掴むことができます。

「改めまして！　みなさん！　こんにちは！」というだけの、きわめてシンプルなテクニックですが、僕はこれからもずっと使い続けたいと思います。このノウハウは本物ですよ！

《何も使わず、ジェスチャーのみで話す場合》

出だしが終わっていよいよ本題へ。何も使わず、体ひとつで話すときに使えるテクニックをご紹介します。

7 ★★★

堂々と見える手の基本ポジション

まず、手の基本ポジションからご説明していきましょう。身振り手振りをしていないときに両手をどこへ置くかによって、緊張しているように見えたり、堂々と見えたりと、見え方が変わるというお話です。

見た目を堂々とした印象にするには、両手を置く位置は、オヘソの少し上あたりがオススメです。ここを基本ポジションにすることで、緊張していても堂々と見える上に、手を動かしやすくなります。

誰かの話を聞く機会があったら、その人の両手に注目してみてください。これまでに何度か、人は緊張すると、体を守ろうとするとお伝えしましたが、緊張して「あがり」を引き起こす人ほど、両手が置かれている基本ポジションは、体の大切な部分……ハッキリ言葉にすると、生殖器を守っています（爆！）。

「ここは危険な場所だ」と勘違いして、必死に守っているのでしょうね……。人前で必死に生殖器を守っている姿は、とても弱々しく怯えているように見えます。

そんな状態ですから、体がどんどん硬まっていき、ますます生殖器から手が離せなくなります。このように両手が硬直状態に陥っていては、話しながらジェスチャーをすることもできません。

手の基本ポジションを生殖器にしてしまうと、見た目にも自分にも残念な結果になるのです。

緊張した体は、「ここは危険な場所だ」と勘違いしています。早い段階で「誤解だよ。ここは危険な場所じゃないよ」と教えてあげましょう。

あえて基本ポジションを、オヘソより少し上の位置に変更してあげるのです。ここを基本ポジションにすることで、体に力が入りにくくなり、手を動かしやすくなります。硬直状態で話すよりも、ジェスチャーで動きを出すことができるため、堂々と話しているように見えるのです。

基本ポジションが低いと、弱々しく怯えた印象に…

基本ポジションをオヘソより少し上にすると堂々とした印象に！

基本ポジションが高いと、ジェスチャーを出しやすい！

★★★

ジェスチャーは手のひらを外側に

基本ポジションをオヘソの上に変更できたら、次はジェスチャーの出し方がポイントになります。というのも、ジェスチャーをする際、手の向きをちょっと工夫するだけで、堂々とした印象に変えることができるからです。

私が、緊張を隠して堂々と見せるためにはどうすればいいのか……。こうして先輩プレゼンターのステージを見て模索していた頃、「緊張」と「手のひらの向き」には、ある法則があることを発見しました。緊張しているように見える人ほど、手のひらを自分側に向け、堂々と見える人ほど、手のひらを外側へ向けていたのです。

緊張しているとき、私たちの体は、「どうなるかわからない」「ここは危険な場所だ」と勘違いし、手のひらを自分の体に向けて、自分で自分を守ろうとします。

よく、緊張をすると、心臓のあたりに手のひらを当てて押さえたりしますよね。まさに、大切な心臓を、危険から守ろうとしているわけです。ジェスチャーをする際にも、この現象が現われます。手のひらを自分に向け、必死に押さえようとするのです。でも、この状態は危険に怯えた状態です。これでは、堂々とした印象にはなりません。

体は、「どうなるかわからない」「危険な場所だ」と判断していても、実際の会場は、安全ですし、あなたはチャレンジしたくて人前で話しているのですから、ちゃんと体の誤解を解き、緊張と上手に付き合ってあげましょう。

簡単です。手のひらを〝外側へ向けて〟話すだけです。緊張すると自分に向いてしまう手のひらを、あえて外側へ向けてください。上でも、下でも、横でも、聞き手に向けてでもかまいません。自分に向けるのではなく、あえて、外側へ向けて動かすのです。

こうしていると、体の誤解が解けて、どんどん動きやすく話しやすくなります。頭も働くので、この後ご紹介するテクニックも使いやすくなりますし、周りの状況もよく見えてきます。緊張しているのは「ここが危険」だからではなく、「チャレンジしているから」と、自分の体に、自分の手の動きで教えてあげましょう。

①緊張すると、体を守ろうと手のひらが自分側に…

②あえて、手のひらを外側へ向け堂々とした印象に！

この、手の基本ポジションと、ジェスチャーの出し方は、世界的にも、堂々と話しているように見えるポイントとして注目されています。有名なプレゼンテーションイベント「TED」を見れば一目瞭然です。インターネット上に多数の動画がありますが、話している人のほとんどが、まさにこのテクニックと同じことをしています。

私は、このテクニックを日本の展示会会場で見つけましたが、国や人種は関係なく、人間が話すときに使える、世界共通のテクニックだと確信しています。

9 ジェスチャーで数字を出すときのコツ

話している最中に、数字を使うシーンがよくあると思います。たとえば、プレゼンのシーンでは、「今日お話しする内容は3つあります。まず……」と使ったり、自己紹介のシーンでは、「私は5人家族です。夫は会社員で、子供は高校生と……」と使ったり。

数字は、話をわかりやすく伝えるためのキーワードとして使われます。そして、言葉で言うのと同時に、手で数字を示す人も多いようです。みなさんも、無意識に手で数字を示していたことがあるのではないでしょうか？

今までは無意識にやっていたかもしれませんが、ぜひ今日からは、このテクニックを使ってみてください。より堂々とした印象に見える数字の出し方があるのです。

このポイントは2つです。まず、顔の横で出すこと。そして、その一文が終わるまで、手を止めたまま出しておくことです。

あなたが話しているとき、聞き手は、どこに注目して見ていると思いますか？　2015年と2016年、東京・大阪・名古屋・仙台でセミナーを開催したときに、受講者の方々に聞いてみたところ、実に90％以上の人が「顔を見ている」と答えました。聞き手が一番見ているのは顔ならば、その付近で数字を出したほうが、目に留まりやすくしっかりと伝わるというわけです。

ちなみに、緊張から「あがり」を引き起こすタイプの人は、顔の横まで手を上げることができません。なぜなら、そもそもの基本ポジションが低く、体が硬まっているため、顔の横まで手を上げることができないのです。

でも、あなたは違います。基本ポジションはオヘソの上になっていますし、手のひらも外側に向けて話すことができているおかげで、体は、かなり動きやすくほぐれています。だから、顔の横まで手を上げることは困難ではありません。あなたの顔に注目している聞き手に、しっかりと見えるように、顔の高さで数字を示してあげましょう。

①数字は顔の横で出す。

そして、もうひとつ。数字を出すときに言っている一文が終わるまで、手は止めたまま、出しておきましょう。緊張していると、パッと出してサッと下げてしまう人が多いのですが、聞き手から見たら、「わっ！　急に動いた！」くらいにしか見えていません。目で見たことを、話の内容と合致させて理解するには、少し時間がかかるものです。

顔の高さまで上げることで、数字を見やすくすることはできますが、ここで、もうひと踏ん張り！　その数字が入っている文を話し終えるまで、手を止めたまま数字を出しておきましょう。

たとえば、「今日お話しする内容は3つあります。まず……」と言うときは、「3

つあります」と言い終わるまで「3」を出したままで止めておくのです。「私は5人家族です。夫は会社員で、子供は高校生と……」と言うときは、「5人家族です」と言い終わるまで「5」を出したままにしておきます。

たったこれだけのことですが、その効果は絶大です。聞き手から見たあなたの印象は、「わかりやすく話してくれる人」になるのですから。

この2つのテクニックは、後ろの方の席に座っている人にも、わかりやすく話の内容を伝えることができます。96ページでご紹介した目線のテクニックと併せて使えば、たとえあなたが緊張していたとしても、聞き手から見たら「後ろまできちんと伝わるように話せる場慣れした人」という印象になるのです。

10 星野和大さん（埼玉県在住：会社員）のエピソード

住宅メーカーで設計業務をしている39歳の会社員です。昨年、自己成長のため、とあるコンテストに出場しました。100名の人前で10分間プレゼンを行なうというコンテストでした。今まで、そんなに大勢の前で話したことはありませんでしたが、自己成長のためにチャレンジしてみようと思いました。

上手に話したくて「緊張しないように！」と思ったのですが、逆に、緊張している自分がダメに感じてしまい、緊張を消すことができませんでした。そこで、書店で緊張対策の本を見かけては立ち読みをして回ったのですが、どの内容を実践してもほとんど効果がなく、緊張への対処方法がわからず困っていました。そんな時、丸山さんから「緊張はチャレンジの証拠なんだよ〜♪」「緊張とは上手に付き合うことが大切なんだよ〜♪」と教えてもらったのです。

それまで学んだ緊張対策方法とは真逆の内容だったので驚きました。しかし、「緊張はチャレンジの証拠」という言葉を聞いて、「そもそも、チャレンジのためにコンテストへの出場を決めたんだ！」と目が覚めました。また、「緊張とは上手に付き合うことが大切」という言葉を聞いたとき、緊張の存在を受け入れることができた瞬間でもありました。

その後、さまざまなテクニックを教えてもらい、コンテストへ向けて練習を重ねました。コンテスト本番では2つのテクニックがとても役に立ちました！　ひとつ目は、手の基本ポジションです。両手をヘソの上あたりに置くというテクニックです。両手を握り締めると、お祈りしているようなポーズに見えてしまうため、家で鏡を見ながら手の組み方を練習しました。

２つ目は、数字の出し方です。コンテストでは「受験勉強の質を高める3つのステップ」というタイトルを発表したのですが、「3」と言うのと同時に、指で3を作ってジェスチャーを行なうことにしました。そして、このように数字をジェスチャーで示すときには、必ず顔の横の高さでしっかり止められるように練習しました。

手の基本ポジションと、数字の示し方、この2つのテクニックのおかげで、コンテスト終了後に多くの人から「堂々と話せてスゴイですね！」と、うれしい言葉をかけてもらうことができました。

緊張しても堂々と話せるようになったので、当初の目標だった自己成長を果たすことができ、達成感も感じました。さらにうれしいことに、コンテストにも優勝することができたのです！

緊張と上手に付き合うというメンタル面、手の位置やジェスチャーというスキル面、両面からのアプローチがうまく融合して、最高のパフォーマンスが発揮できたのだと思います。

この成功体験から、人前で話すことが楽しく思えるようになり、仕事にも良い影響が現われました。今までの設計業務だけでなく、社内外の研修講師としても仕事を任されるようになったのです。もちろん、研修講師をするときにも、あのテクニックを駆使して緊張と上手に付き合いながら話しています。

《パワーポイントを使う場合》

ここからは、パワーポイントを使って人前で話すときに役立つテクニックをご紹介しましょう。

11 ★☆☆ リモコンの持ち方

ひとつだけ、先にお伝えしておきます。ここから先を読んでいただくと、今後、パワーポイントを使って話している人の〝リモコンの使い方〟が、気になって仕方がなくなるかもしれません。ここだけの話ですが、私は人様のセミナーに参加したときは、リモコンの使い方が気になって気になって仕方がないのです。緊張と上手に付き合えていない人ほど、「あぁ、あの人、「あがり」に向かっているわ……」と、わかるリモコンの使い方をしているからです。

どれほどオシャレをしていても、どれほど地位が高い人でも、リモコンの使い方ひとつで、内心ドッキドキで頭真っ白状態なのか、私たちに伝わるよう気を遣いながら話をしてくれているのかが、あからさまにわかってしまうのです。

なぜわかってしまうかというと、動き方に違和感があるからです。緊張と付き合えず焦っている人は、正しく状況を判断することができないため、本来ならあり得ないリモコンの使い方をします。その違和感たるや、気にせずにはいられません。

しかし、思い出してみれば、かつての私も同じことをしていました。あり得ないリモコンの使い方を、人前で、さも当たり前のようにしていたのです。今思うと、とても恥ずかしく感じます。

すべては、緊張と上手に付き合えていなかったことが原因です。

でも、今は違います。リモコンを正しく使いながら話せるようになりました。あり得ない使い方をしていた頃は、よく、投影されているパワーポイントが次のページへ進まないというトラブルに遭っていました。当然ですよね。そもそも、あり得ないリモコンの使い方をしているので、次のページに進むはずがないのです。

今では、そんなトラブルは起こりません。正しいリモコンの使い方をすれば、ちゃんと次のページへ進んでいくものだからです。もし過去に、パワーポイントが次に進まなくて、人前でアタフタしてしまった経験があるならば、それはただ、あり得ないリモコンの使い方をしていたからかもしれませんよ。

……と、前置きをたっぷり書いてみましたが、そろそろ、覚悟はできましたでしょうか？　この先を読んだあなたは今後、あり得ないリモコンの使い方をしている人がアタフタしているのを見る度に、「そりゃあそ～だよ！　だって、そのリモコンの使い方、変だもん！」と思わずにはいられなくなることでしょう。万が一、あなたの身近な人がそうなっていたときは、ぜひ、正しい世界へ導いてあげてください。

緊張から「あがり」を引き起こすタイプの人は、必ずこのようなリモコンの使い方をします。「エイッ」と、スクリーンにリモコンを向けてボタンを押すのです。そして、パワーポイントが次に進まないと、焦りはじめます。「エイッ！　エイッ！」と一所懸命スクリーンに向けてリモコンのボタンを押すのです。まさに、正しいリモコンの使い方を完全に見失っている状態です。こうして、どんどん緊張が高まってしまい、「あがって」いく人を何人も見てきました。

冷静に考えてみましょう。リモコンの受信機って、どこにあるのでしょうか？　そう、パソコンです！　スクリーンにはないですよね！　冷静に考えればわかることなのです。

しかし、緊張と付き合うということを知らない人は、冷静になれず、あり得ない行動をしてしまいます。その結果、受信機などないスクリーンへリモコンを向けて、「エイッ」とやってしまうのです。おそらく、日ごろテレビを観るときに、リモコンを画面に向けて押しているからでしょう。テレビは画面と受信機が一体化していてリモコンが効くので、その感覚で、スクリーンへ向けてしまうのだと思います。

緊張と上手に付き合っていれば、このような事態を避けることができます。緊張すると思わずリモコンをスクリーンへ向けてしまうのなら、緊張してもそうならないよう、事前に対策を打っておけばいいのです。

一番効果的な対策は、リモコンの持ち方を工夫することです。最も簡単な方法は、リモコンを持っている手を後ろへ回してしまうことです。パワーポイントを次へ進めるボタンの部分に親指を置いて、そのまま手をお尻の辺りへ隠してしまうのです。

こうすることで、リモコンをスクリーンへ向けることができなくなり、あり得ない行動を防止することができます。

①スクリーンにリモコンを向けても動きません！

②リモコンを持った手を後ろへ回せばトラブル防止に♪

12 ★★☆

指し示すときは、上から出す！

人前で話すときにパワーポイントを使用するということは、目で見てほしい情報があるということです。何かのデータを伝えるためにグラフを表示したり、結果を伝えるために数字を表示したり。これらの情報を、口で伝えるだけでなく、目で見てもらったほうがより伝わる、理解してもらえるからこそ、パワーポイントを使用しているのではないでしょうか。

そして、さらにしっかり伝えるために、私たちはよく、パワーポイントで表示されている情報を、手で指し示しながら話すことがあります。

ここからご紹介するのは、〝この指し示し方〟についてのテクニックです。何と、むやみやたらと指し示す人ほど、「あがり」を引き起こしやすいのです。そうならないためにも、ぜひこのテクニックを使って、緊張と上手に付き合っていただければと思います。

まず、〝むやみやたらと指し示す人ほど、「あがり」を引き起こす〟というそのカラクリからご説明します。

先ほど〝ジェスチャー〟の項目でご紹介したように、「あがり」を引き起こすタイプの人ほど、手の基本ポジションが低いため、スクリーンを指し示そうとしても、目的の高さまで手を上げることができません。たとえ上がったとしても、せいぜい胸ほどの高さまでです。たとえば、スクリーン右上に表示されている2という部分を指し示したいとしましょう。スクリーンには、２の他に、１や3といったグラフが表示されています。

本人は2を指し示しているつもりですが、もともと手の基本ポジションが低いため、胸ほどの高さまでしか手を上げることができません。さて、この状態を、聞き手側から見るとどうでしょう。低い位置で指し示されても、２のことなのか、１なのか、はたまた3なのか……。「どのグラフを指しているの⁉」というのが率直な意見です。

しかし、聞き手はそれを言葉には出しません。ただ、心の中ではこう思っています。「わかりにくい説明だな……」と。そして徐々に、話を聞きたい気持ちが薄れて眠くなったり、他のことへ意識が向いてしまうのです。

その結果、会場全体にどよ～んとした空気が蔓延していくのです。緊張した状態で、この空気を感じるほど怖いことはありません。「どうにか挽回しなくては！」と焦り話を進めますが、スクリーンを指し示せば示すほど、聞き手の心は離れていきます。こうなったらオシマイです。緊張はどんどん高まる一方で、気づいた頃には「あがり」が発生するのです。

こうならないためには、聞き手に「どのグラフを指しているの⁉」と感じさせないよう、しっかりと指し示すことがポイントになります。では、どのように手を動かせば、緊張して

①低い位置で指し示しても伝わらない！

②「上から出す！」としっかり伝わる！

いても、しっかりと指し示すことができるのでしょうか？

本書を読みながら、一緒に手を動かしてみていただきたいと思いますので、この本を、片方の手で押さえて、もう片方の手を次の掛け声に合わせて動かしてみてください。「指し示すときは、上から出す！」です。この「上から出す！」のところで、手を頭の横あたりから出して、指し示すように動かしてください。

では、やってみましょう♪　「指し示すときは、上から出す！」、もう1回♪　「指し示すときは、上から出す！」

いかがでしょうか？　このように手を上から出すことで、手を高く上げることができ、聞き手から見やすい位置で指し示すことができます。また、そのときの腕の形にも注目です。上から出すと、肘が伸びて腕が一直線になりますよね。

いくら緊張していても、このように腕が一直線になっていると、聞き手から見たら、「ビシッと堂々と指し示している」ように見えるのです！　高さがあり見やすく、ビシッと一直線に指し示すことで、どのグラフの話をしているのか、しっかりと伝えることができます。その結果、聞き手も理解しやすくなるため、集中力の低下を防ぐことができるのです。

「基本ポジション＋上から出す！」を合わせて使うと、より堂々と見えます。ぜひご利用ください♪

13 ★★★

パワーポイントは"紙芝居"

私がパワーポイントを使って話すときに、最も大切にしていることを書きます。

「パワーポイントで聞き手を惹きつける話し方テクニック」をお教えする立場になっていますが、私がパワーポイントを作るようになったのは、２０１５年の春。かなり最近のことです。20歳から展示会プレゼンターの仕事をしていましたが、あくまでクライアントが作ったパワーポイントに合わせて話す役割だったため、自分で作ったことはありませんでした。

そんな私でしたが、講師を依頼されたことをきっかけに状況は一転します。パワーポイントを使って話し方のセミナーをしなければならなくなったのです。私のパワポ人生の幕開けでした。が、すぐに挫折を味わいます。パソコンを買うところからはじめるレベルでしたから、それはそれは難しく、すぐに嫌気がさしました。

当時の私が使っていたパワーポイントの機能は、たった４つ。背景の色を変える、文字を書き、大きさを変え、色を変える。この４つだけです。画面切り替えやアニメーション機能などの存在は知りませんでした。

これしか使わないのに、完成までものすごく時間がかかりました。肩も凝るし、目も疲れる。しかし、完成したパワーポイントはダサい……。もともとデジタル機器が苦手ですし、仕方ないかと諦めて、パワーポイントと嫌々付き合っていました。

そんなパワポ人生に、大きな転機が訪れます。河合浩之さんという人と出会いました。河合さんは、「Microsoft MVP for PowerPoint」というタイトルを7年連続で受賞されています。簡単に言うと、パワーポイントのソフトを開発しているあのMicrosoftが認めた「パワポの神様」です。河合さんが作ったパワーポイントを見た瞬間、私のパワポ人生は、一気にバラ色になりました。

みなさんは、パワーポイントで投影資料を作るとき、何を目的に作っていますか？　わかりやすく情報を伝えるために作っていると思います。しかし、そのパワーポイントは、本当にわかりやすいものになっているでしょうか？

私は、河合さんと出会って変わりました。「パワポは紙芝居」と思うようになったのです。子どもたちに紙芝居をするシーンを想像してみてください。目の前にいる子どもたちへ、紙芝居に描かれている絵に合わせながら話しますよね。たくさんの子どもが集まっても、ちょっと高い位置に紙芝居を置けば、みんなで楽しむことができます。話し手が抑揚をつけたり、感情を上手に表現してくれたら、さらに楽しいですよね。パワーポイントを使って人前で話すということは、まさに、紙芝居と同じです。パワーポイントに伝えたいことを描き、それに合わせながら話すのです。

しかし、現実はどうでしょう？　世の中のパワーポイントのほとんどが、紙芝居ではなく、絵本になっています。絵本は、それぞれのページに絵と連動したセリフが書かれています。複数の子どもを同時に楽しませるとしたら、２人までがベストでしょう。３人以上になると、絵やセリフが見えなかったりして、話の内容についていけず飽きる子が出るはずです。

実際、こんな状態を見たことはありませんか？　スクリーンに映し出されたパワーポイント。グラフの周りに文字がビッシリ。話し手は、その文字を見ながら読み上げている……。聞き手から見たら、何が書いてあるのか、何を意味しているのか、細々しすぎてよくわからない。見ていて疲れる。楽しくない。興味が湧かない。眠い…ｚｚｚ。これでは、せっかく時間をかけてパワーポイントを作っても意味がありません。

人前でパワーポイントを使うならば、絵本にしてはいけません。紙芝居として作ってください。紙芝居のように作ることができたら、練習のときも、紙芝居の練習をしていると思いながら行ないましょう。そうすることで、より感情移入した練習ができ、本番で緊張しても、スムーズに話すことができます。

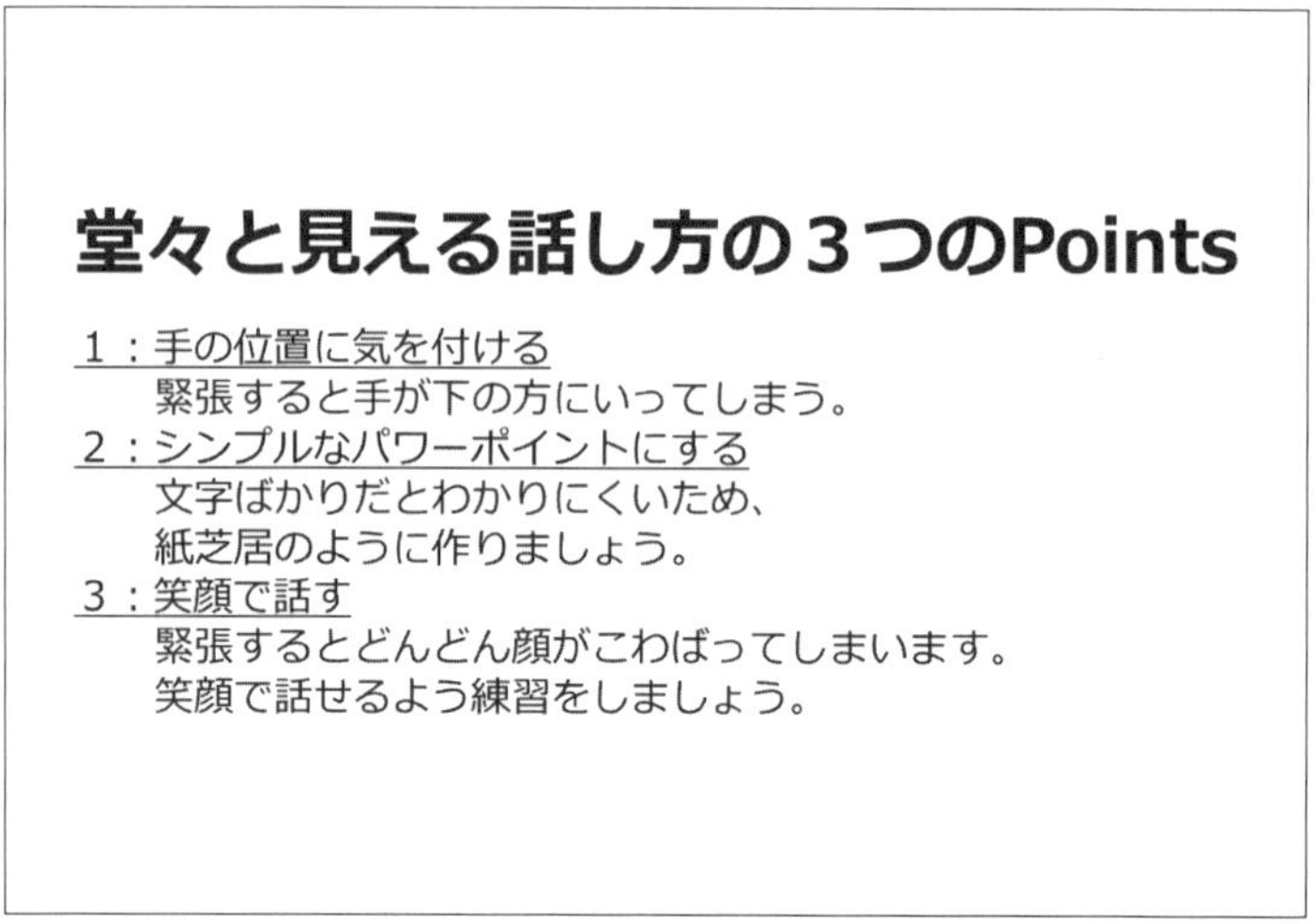
堂々と見える話し方の３つのPoints
１：手の位置に気を付ける
緊張すると手が下の方にいってしまう。
２：シンプルなパワーポイントにする
文字ばかりだとわかりにくいため、
紙芝居のように作りましょう。
３：笑顔で話す
緊張するとどんどん顔がこわばってしまいます。
笑顔で話せるよう練習をしましょう。

①文字が多いとわかりにくい。

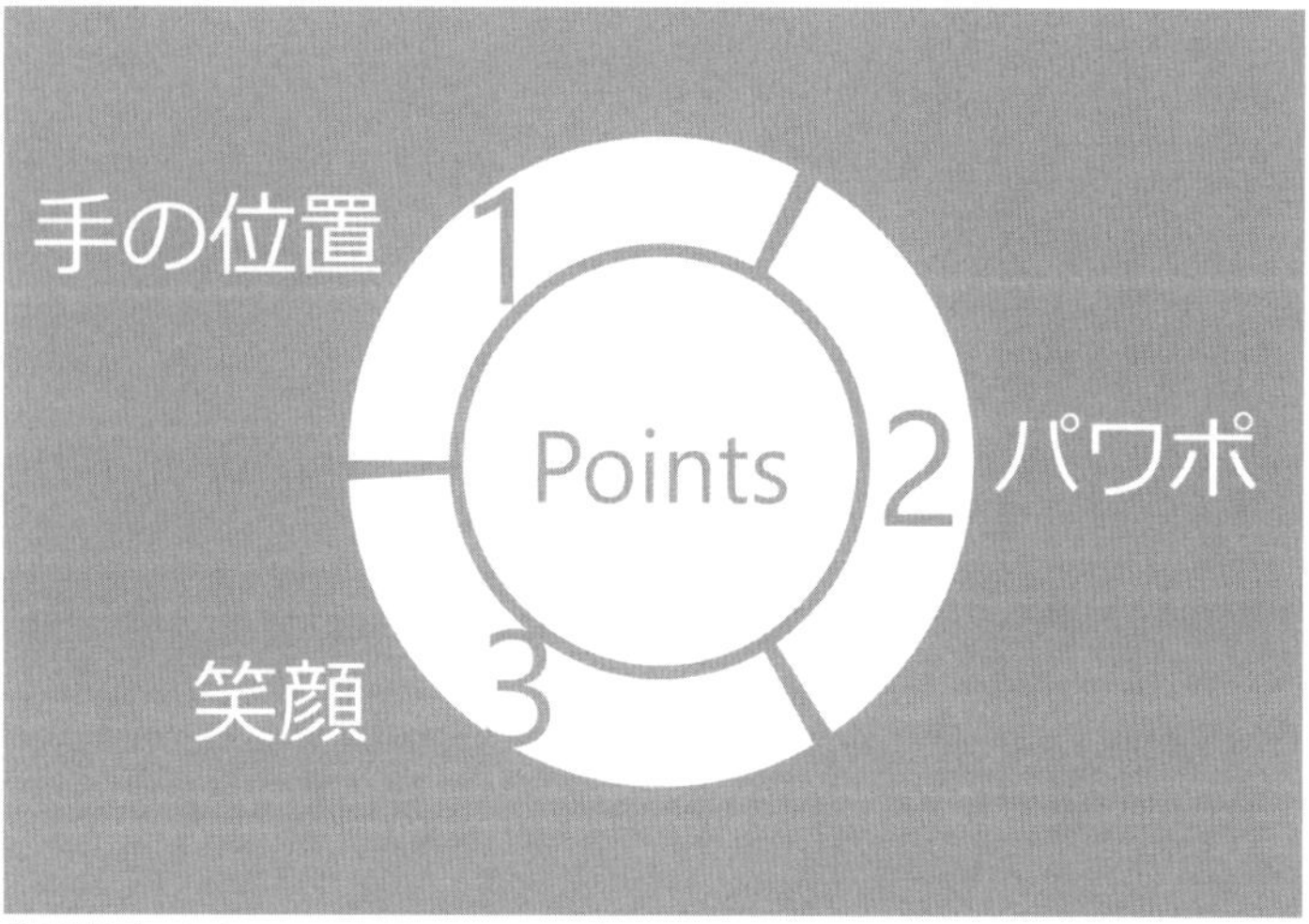
手の位置
1
Points
2
パワポ
笑顔
3

②紙芝居のようにパッと見てわかりやすく！

14

牧野佐智子さん
（東京都在住：講師業）エピソード

私は現在、企業のWeb担当の方へ向けて、アクセス解析やSEO（ホームページを検索エンジンの上位に表示させるためのコツ）を研修する講師をしています。私の研修では、難しい専門用語を、いかにわかりやすく説明するかが大きなポイントになります。

しかし、私自身が人前で緊張するタイプなので、段取りを間違えないように、プロジェクターにパワーポイントで作成した資料を投影して、説明を行なっていました。

丸山さんとの出会いはFacebookでした。たまたま話し方のセミナーを見つけて、興味本位で参加したのです。そこで見た丸山さんの話し方のファンになり、個人レッスンをお願いしました。

レッスンでは、パワーポイントを使ったパフォーマンスを教えてもらいました。まず、研修のオープニングで行なうアイスブレイク（初対面の人が緊張をほぐす手法）が楽しい雰囲気になるよう、パワーポイントを作り直すことになりました。難しい専門用語の説明を、文字を一切使わず絵で表示するという手法で驚きましたが、作り直してみて納得！　グッとわかりやすいパワーポイントになりました。

さらに、そのパワーポイントの絵を紙芝居のように使い、話しながらパフォーマンスしていくというテクニックを教わりました。

これが、実際の企業研修で大好評！　研修のオープニングから、受講者の方に楽しく過ごしてもらえるので、会場の雰囲気が明るくなることはもちろん、質問をしても反応よく答えてくださったり、活発に会話をしながら研修を進めていくことができるようになりました。

最近では、丸山さんが開催しているスピーチイベント「メラ族」にも参加し、人前で紙芝居風のパワポを披露することにハマっています。出身地、干支、星座、好きな食べ物、仕事の内容など、伝えたいことをイラストや写真だけで表示し、自分の言葉でパフォーマンスしながら自己紹介をするのです。

やはりここでも、参加者のみなさんから明るいリアクションをもらうことができています。私自身、緊張していても、楽しみながら話すことができるようになりました。

パワーポイントの作り方を変えて、話し方を少し変えるようにしただけで、人前で話すことがこんなに楽しくなるなんてビックリです。聞いてくださる方を、いかに飽きさせず、そしてわかりやすく伝えるか。「パワポ紙芝居」は超おすすめです！

《聞き手とのコミュニケーション》

ひとりで話し続けるより、聞き手とコミュニケーションをとりながら進めるほうが、会場に一体感が生まれます。聞き手へ質問を投げかける……、そんなシーンで使えるテクニックを2つご紹介します。

15 ★★☆

質問に答えてもらう時のテクニック

実は、話の途中で聞き手へ質問することに成功すれば、会場に一体感が生まれて過ごしやすい空気を作ることができます。しかし、失敗すると目もあてられない手法でもあります。緊張している自分のことばかりに集中して、相手にきちんと対応することができず、無意識のうちに失礼な態度をとってしまいがちです。せっかく質問をしたなら、成功させて良い空気を作りたいですよね。

そこで、緊張していても、相手に集中できる簡単なテクニックをご紹介します。

まず、大前提として、このことを理解してください。本番で話しているあなた自身は緊張していますが、質問に答えてくれる相手も、とても緊張しているのです。考えてみてください。人の話を聞くつもりで出向いたのに、急に質問されて、何か話をしなくてはならないなんて……。緊張しますよね（私なら、そういうときは当ててほしくないので、目が合わないよう、必死に目線を逸らします）。そんな中、相手は、あなたからの突然の質問に答えてくれるわけですから、ここは相手のためにも、話をしやすい空気にしてあげましょう。

たとえば、あなたから聞き手のAさんへ「所属はどこの部署ですか？」と質問したとしましょう。突然の質問に驚きながらも、緊張した面持ちで、Aさんが「……営業部です」と答えてくれました。ふつうは、「だとすると……」と話を進めていきがちです。

このような進行をよく見かけますが、良かれと思って行なったやりとりが、逆効果になっていることにお気づきでしょうか？　質問を投げかけるときには、必ず次のテクニックを使ってください。必ず、答えを繰り返してあげてほしいのです。

あなたがAさんに質問をして、Aさんが「……営業部です」と答えてくれたら、「営業部ですか！　だとすると……」と、相手の答えを繰り返した上で次の言葉へ進みましょう。Aさんは突然当てられた緊張の中で答えてくれるわけですから、会場全体に聞こる大きさの声で答える余裕などありません。

つまり、Aさんの答えを聞き取ることができない人が、会場内に大勢いるわけです。あなたが答えを繰り返すことで、会場全体に〝Aさんは営業部と答えたんですよ〟と知らせてあげるのです。

このように、全員で情報を共有することができてから、次の説明へと進むことで、会場に一体感が生まれて説明への納得度も高まり、良い空気を作ることができるのです。

あなたも緊張していますが、答えてくれる人はもっと緊張しています。上手にリードしてあげましょう。大丈夫です。答えてもらった言葉を、そのまま繰り返すだけですから。

もし、あなた自身が聞こえなくて繰り返せないときは、「ごめんなさい。聞き取れませんでした。もう一度教えていただけますか？」と素直に聞き直せばＯＫです。ちゃんとあなたの話を聞いていますよ、という姿勢は良い空気につながります。質問を投げかけたら、必ず答えを繰り返す。ぜひ使ってみてください。

×回答を共有せず進行すると、他の人はついてこれない。

◎回答は繰り返して共有することで会場に一体感が！

16
★★☆

場を盛り上げる拍手

次は、誰かに発表してもらったときなどに行なう、拍手についてのテクニックです。たかが拍手、されど拍手。私は、セミナーの受講者の方に発表してもらったときや、結婚式などの司会のシーンでも、この拍手のテクニックは欠かすことなく使っています。

なぜなら、この拍手をすれば、一瞬で場の空気を盛り上げることができるからです。大声を張り上げなくても、面白いネタを用意しなくても、この拍手ひとつあれば、場の空気を盛り上げることができます。私の拍手をキッカケに、必ず、会場の全員が拍手をしてくれます。

拍手は、会場の一体感を生み出す、とっておきのツールです。普通に叩く拍手では、そこまでの効果を得ることはできません。効果を得るためには、拍手の叩き方をちょっと工夫する必要があります。

それでは、まずこのページを開いたまま、拍手をしてみてください。

ほとんどの人が、指先を真っすぐ伸ばした状態で拍手をしていたのではないでしょうか？

このタイプの拍手からは、乾いた感じの音がします。音のボリュームも小さめで、大きく出すには力が必要です。手の平が痛くなるくらいの力を入れれば大きな音が出ますが、わざわざ痛い思いなどしたくないので、このタイプは小さい音の拍手になるのが特徴です。これに対して、場を盛り上げる拍手は、楽に大きな音を出すことができます。

一緒にやってみてください。まず、手に丸みを作ります。指の力も抜いて、丸くしてください。そして、手の平の間に、空気が入るように叩いてみましょう。手首を使って、うまく空気が入るようになると完璧です。大きく響き、温かみのある音の拍手になりますよね。拍手は「するもの」ではなく「贈るもの」です。丸めた手のひらの間に相手への想いを込めて鳴らすことで、温かみのある贈り物に変わります。この拍手こそが、場を盛り上げる拍手です。

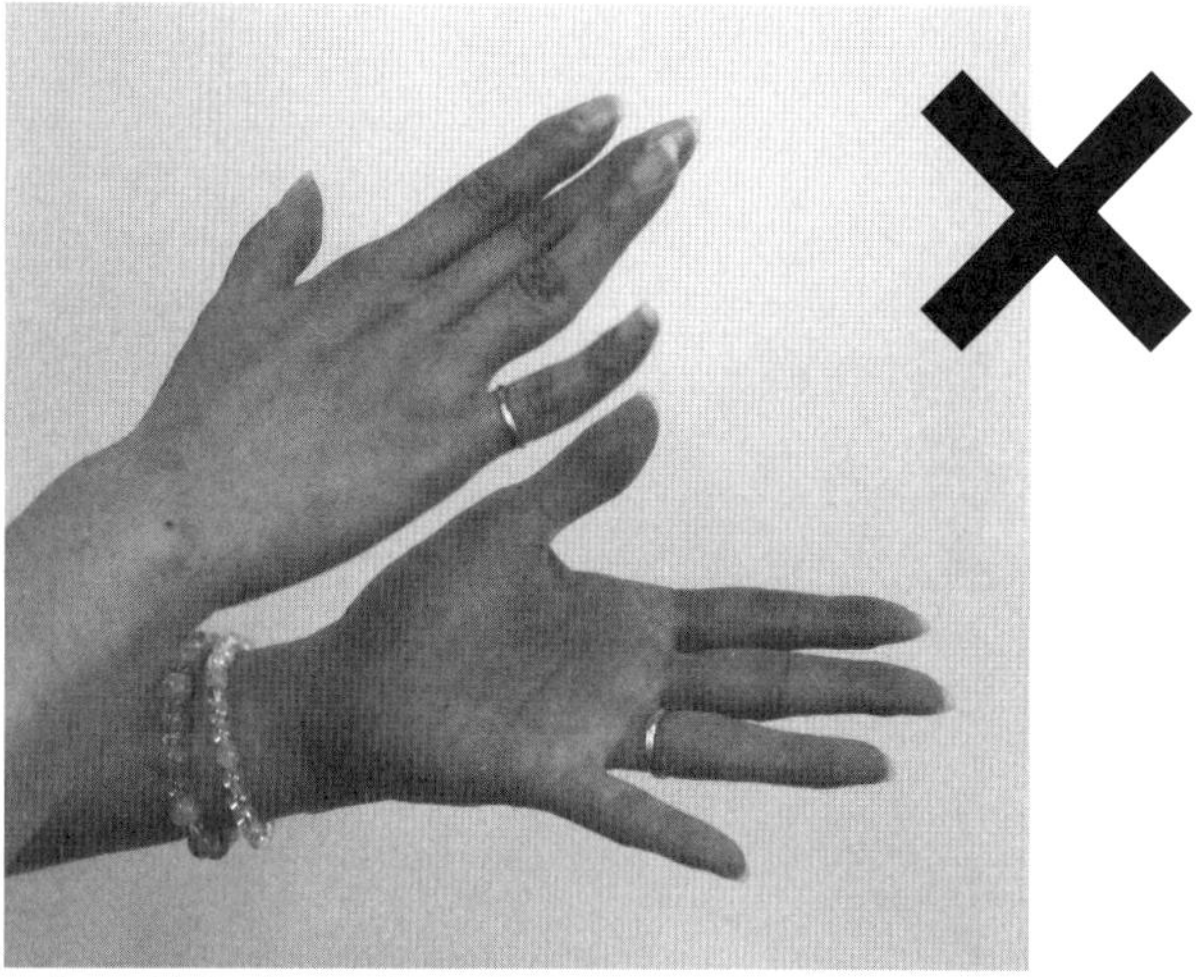

×普通の拍手は乾いた感じの小さな音。

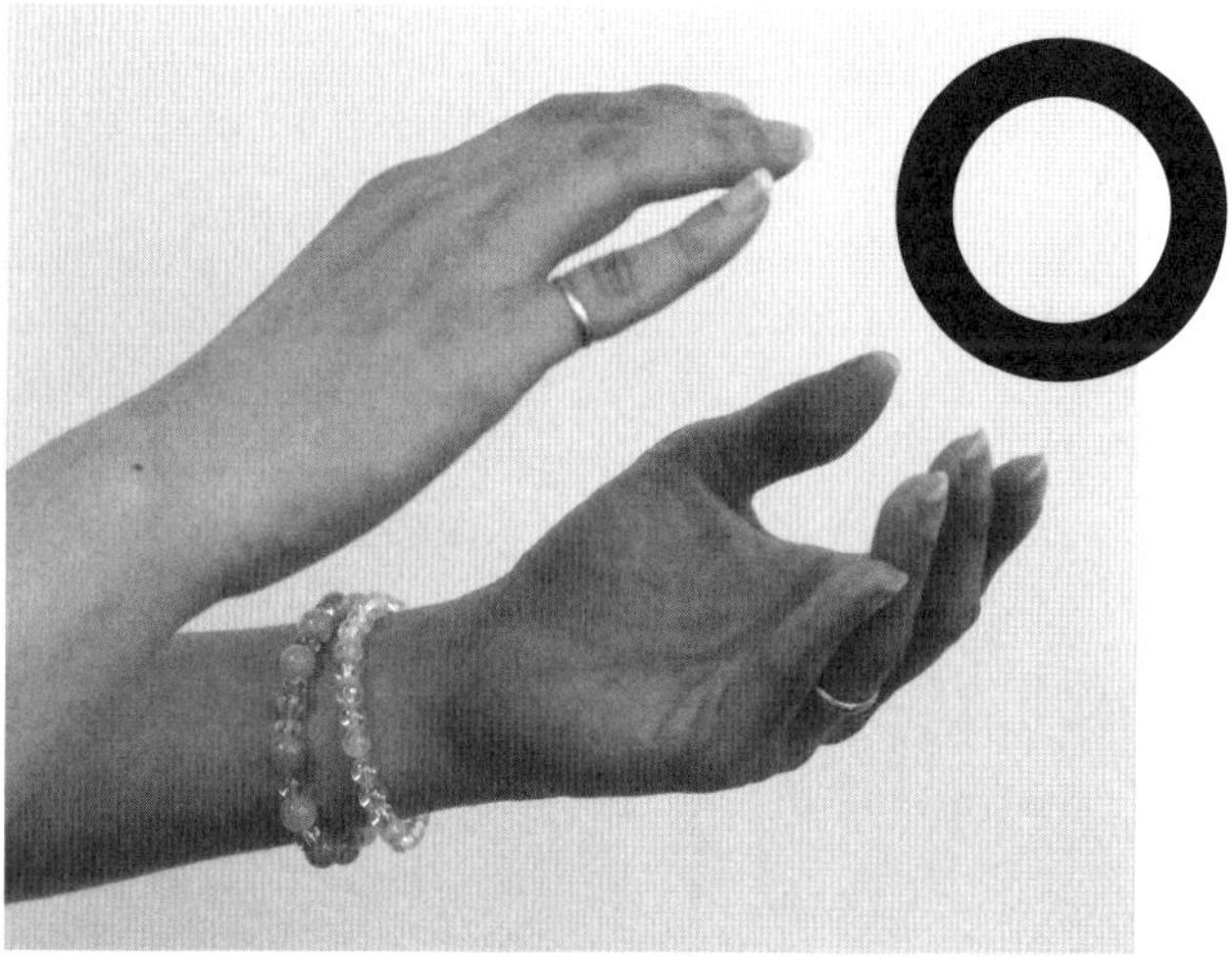

◎丸めた手の平に想いを込めて贈る。

拍手をするタイミングが来たら、手を丸めて、誰よりも先にこの拍手をしてください。この拍手の音は大きく響くので、一番後ろの席まで届けることができます。私の経験では、100人までなら余裕で届きます。

この拍手を誰よりも先に鳴らすことで、会場の人たちの耳に音をしっかり届け、今拍手をするタイミングなのだということを知らせるのです。この音が届けば、ちゃんと拍手をしてくれます。あなたの拍手が、会場を、温かみのある空気へと変えていくのです。

今日から、拍手をする機会があったら、ぜひこのテクニックを使って音を鳴らしてみてください。まわりの乾いた小さい拍手の中で、あなたの温かみのある大きく響く拍手は、受け止める人の心に必ず届くことでしょう。

17 帆苅剛さん
（東京都在住：社会保険労務士）のエピソード

私は、人前で話すことに少しでも慣れるため、スピーチサークルに加入しています。そこでは月に2回、参加者の前で、自分の体験談や想いなどの中から、聞いた人が役に立つと思うことを話す機会があります。サークルに集まるメンバーは、決してスピーチに慣れているのではなく、〝慣れていないから〟練習のために集まっているのです。

そのため、慣れていないことはもちろん、大勢の人前に立って話をするのですから、ほとんどの人がとても緊張しています。もちろん、私もそのうちの1人です。

先日、そのスピーチサークルで司会を務める機会がありました。〝少しでもスピーカーの緊張がやわらげば〟と思い、この本で紹介されている「場を盛り上げる拍手」を実践してみました。

この方法で拍手をすると、会場が大いに盛り上がって一体感が生まれ、緊張したスピーカーでも話しやすい雰囲気になることを実感できたのです。

このスピーチサークルでは、1人のスピーカーに、出番の中で必ず2回以上拍手を送るシーンがあります。1回目は、司会者がスピーカーを紹介し、聴衆の前に迎え入れるとき。つまり、登場のシーンです。司会者が「では、次のスピーカーは〇〇さんです。拍手をもってお迎えください」と言ったことをきっかけに、拍手の中でスピーカーが登場します。

2回目は、スピーチが終わった後です。「〇〇さん、ありがとうございました」と、役目を終えたスピーカーへ、会場全体で拍手を贈ります。

今までは、慣習的に、ただ何となくというか、この2回のタイミングは拍手する決まりだからという理由で拍手をしていました。しかし、丸山さんの「場を盛り上げる拍手」のテクニックを使いはじめて、以前とは比べものにならないくらい、明らかに会場の雰囲気が変わりました。

乾いた感じの"ペチペチ"という音の拍手はなくなりました。温かみを感じる音の拍手をすることで、今までの拍手と比べて、拍手そのものが「贈り物」という意味を持っていると実感するようになりました。

スピーカーに送られる1回目の拍手は、"今からあなたが話すことを受け止めますよ"という、聴衆からスピーカーに対する応援メッセージ。そして、2回目の拍手は"話してくれてありがとう"という、気持ちが込もった柔らかい音に変わったのです。

また、今まではスピーチ中に拍手が起こることはあまりありませんでしたが、この拍手を実践したところ、スピーチ中にも自然と拍手が沸き起こることが増えてきました。

今までの人生の中で、みなさんも一度は心から感動して拍手をした経験があると思います。まさにそのときの手の形を思い出してみてください。この「場を盛り上げる拍手」のように、自然と何かを包み込むような形になっていたはずです。はじめは私もメンバーも意識して、「場を盛り上げる拍手」をしていました。しかし、今では自然と「贈り物としての拍手」ができるようになりました。

どんなに経験を積んでも、人前で話をすることは緊張をするものです。しかし、スピーカーに勇気を与えてくれるこの温かい音の拍手のおかげで、今まで以上にスピーカーが安心して話せるようになったと感じています。スピーカーと聴衆に一体感が生まれるこの拍手は、今ではサークルのオープニング・アイスブレイクには欠かせません。

ぜひこれからは、スピーチサークル以外の場所でも、いろいろなところやぜひ場面で試してみたいと思います。

6章 笑顔の作り方

1 素敵な笑顔で話したい！

素敵な笑顔で話したい。人前で緊張する私たちにとって、笑顔で話すことは、憧れであり、目標のひとつでもあります。笑顔で話している人を見ると、その場を楽しむ余裕すら感じられます。

私が、笑顔を重要視するようになったのは、プレゼンターや司会の仕事をはじめた駆け出しの頃でした。当時は、仕事をいただくために1日3回オーディションを受けて回る日々を過ごしていました。

オーディションは、合格しなければ意味がありません。受けるだけでは1円にもなりません。交通費はすべて自腹です。合格する確率は、20回に1回程度でした。20回落ち続けて、やっと1回合格できるかできないかという世界です。そんな状態ですから、いくつかのアルバイトをかけもちして生活していました。

お金の面でも、体力・時間の面でも、とても非効率に感じた私は、こう思うようになったのです。「合格の確率を上げたい」「合格する人は、どんな人なんだろう」と。そして、その謎を解明するために、暇を見つけては展示会へと足を運び、自分が不合格だったステージにどんな人が合格して立っているのか、たしかめに行くようになりました。

すると……、そのステージに立っている人は、必ず、素敵な笑顔で話をしていたのです。どのステージを見ても、笑顔で話せる人ばかりでした。「私に足りなかったのは笑顔か！」。そう理解した私は、オーディションで、笑顔で話すことを心がけるようになりました。ニコッと口角を上げて笑顔を作り、自己紹介や質疑応答に挑むようになりました。

しかし、結果は散々なものでした。口角を上げようとしても、上がってくれないのです。それどころか、逆にピクピクと痙攣したり、ひきつって変な顔になっているのが手に取るようにわかりました。そんな自分が恥ずかしくなってきて、さらに緊張してしまい……、ついには「あがり」を発生させ、頭が真っ白になる経験を何度もしました。

もちろん、合格するはずがありません。人前で口角を上げてニコッと笑うことが、こんなに難しいことだとは思いませんでした。そこで私は、口角を上げる以外で、笑顔を作れる方法がないかを探してみることにしたのです。

心から楽しむことができれば、自然に笑えるのだと思います。しかし、人前で緊張した状態で、それは無理な話です。自然に笑うことが無理ならば、やるべきことはひとつ。笑顔に見える表情を作れるようになればいいと思いました。

人前で素敵な笑顔で話している先輩たちのステージを見て回り、その表情には、いくつかの共通点があることを見つけました。

驚くことに、その共通点は、私が行なってきた「ニコッと口角を上げる」ことではありませんでした。それから、人前で笑顔で話せるようになるために練習をはじめたわけですが、気がついたことがあります。人前で緊張したときに、口角を上げて笑顔を作ることは、最も難しいことだったということです。そして、見つけたのです。人前で笑顔で話すためのとっておきの方法を。口角を上げるより、もっと簡単にできるテクニックです。

このテクニックを身につけてから、私のオーディション人生はガラリと変わりました。20回受けても合格できるかどうかの確率だったオーディションに、3回に1度は合格できるようになったのです！

緊張していて自然に笑うことができなくても、このテクニックを使うと、まるで自然な笑顔で話しているかのように見せることができたのです。話しながら行なうことなので、★2つと★3つのテクニックですが、口角を上げるよりもずっと簡単です。

ぜひ、ここから先は、顔が見えるサイズの鏡をお手元に用意してから読み進めていただければと思います。

2 ★★★

口角よりも○を使う！

笑顔で話せないことにも、ちゃんとした原因が存在します。私は、この原因を発見してから、口角を上げて笑顔を作ることをやめました。その結果、人前で笑顔で話せるようになりましたし、今では、各地で開催しているセミナー会場でアンケートをとると、ほとんどの人が、私の笑顔がとてもよかった、印象的だったと言ってくださいます。

私自身も、必死に口角を上げて笑おうとしていた頃の自分の笑顔より、今の笑顔の方がはるかに好きになることができました。今日からは、口角を上げて笑う笑顔とは、もうサヨナラです。「口角」ではなく「歯」を使った笑顔を身につけていきましょう！

さて、突然ではございますが、3、2、1！　のかけ声で、笑顔を作ってみてください。では、いきますね♪　3、2、1！　今！　笑顔を作った状態で、あなたの「歯」はどうなっているでしょうか？　笑顔を作りながら「歯」をチェックしてみてください。〝上の歯と下の歯がくっついている〟または、〝ほぼくっついている〟のではないでしょうか？　これです！　これこそが、笑顔で話せなかった原因なのです。

考えてみましょう。話しているときって、上の歯と、下の歯はどうなっているでしょうか？「こんにちは」「ありがとう」など、声に出して言ってみましょう。そのとき、上下の歯がどうなっているかを確認してみてください。話しているときって、上下の歯は、くっついていますか？ それとも、離れていますか？ ……そうです。話しているとき、上下の歯は離れています。だから、笑顔で話したいのなら、上下の歯を離した状態で笑顔を作れるよう練習しなければいけなかったのです。

実際、ステージ上で笑顔で話している先輩たちは、上下の歯を離した状態で笑顔ができる人ばかりでした。一人たりとも、歯をくっつけて笑っている人はいないのです。

笑顔を作ったときに、上下の歯をくっつけて笑っていた人ほど、笑顔で話すことが苦手なはずです。原因は「歯」です。上下の歯をくっつけずに笑顔を作れるようになれば、人前でも笑顔で話せるようになるのです。

しかし、私たちの体は、緊張を感じると、口を閉じて上下の歯をくっつけてしまいます。そして、その時間が長ければ長いほど、口やアゴの周りがカチカチに固まって、笑顔で話しにくくなります。

このことに気がついてから、私は、上下の歯をくっつけないよう、意識するようになりました。待機時間にも、緊張している自分に気がついたら、わざとこまめに歯の状態をチェックするのです。上下の歯がくっついていたら、コッソリと下を向き、2章でご紹介したベロ回しや、口の体操をします。周りの目が多い場合では、こっそり、歯と歯の間にベロを軽く挟んで上下の歯がくっつかないようにしています。

また、家でも練習をしています。鏡を見る度に、笑顔を作ってみるのです。顔を洗うときやお風呂に入るときなど、1日の生活の中には、自分の顔を鏡で見る瞬間が何度かありますよね。この本を読み終えた瞬間から、こんなルールを作ってみるのはいかがでしょう？「鏡で自分と目があったら、歯と歯の間を開けた笑顔を作ってみる」。人前で笑顔で話すために、今日からは歯と歯を開けた笑顔を練習していきましょう！

さらに、このテクニックは、笑顔で話せるようになることの他に、もうひとつのうれしい効果があります。今までの笑顔とは比べものにならないくらい、自然な笑顔に見えるのです。歯をくっつけた笑顔は、一見、綺麗で整った笑顔に見えますが、何となく作りもののようにも感じます。

しかし、歯と歯の間を開けた笑顔は、とても自然な笑顔に見えるのです。もともと私たちは、話すときだけでなく、笑うときには、自然と歯と歯の間は開いているものです。

「子供の頃は笑っていたのに、大人になるにつれて笑顔が苦手になった」と言う人が多いようです。もしかすると、大人になるにつれて、いつの間にか作り笑いを覚えて、その結果、歯をくっつけた作りものの笑顔しかできなくなっているのかもしれません。

今日からは、あなたの本来の笑顔をとり戻す意味でも、鏡で自分と目が合ったら歯と歯の間を開けた笑顔を練習してみてください。

3 ★★★

楽しそうに見える笑顔の作り方

歯と歯の間を開けて笑顔を作れるようになったら、もうひとつ、このテクニックにもチャレンジしてみましょう。このテクニックを使うと、さらに楽しそうな笑顔を作ることができます。

本来、笑顔というものは、楽しいときに出る表情です。笑顔というと、ついつい綺麗に整った笑顔を作りがちですが、「作っているなぁ」と感じられてしまっては、見る人の心を掴むことはできません。

しかし、自然体で楽しそうに見える笑顔は違います。「この人といると楽しそうだな」「お近づきになってみたいな」と親近感を感じてもらえるため、見る人の心を掴むことができるのです。

ですから、笑顔を作るときの最終目標は、「綺麗な笑顔」ではなく、「楽しそうに見える笑

顔」をオススメしています。

ステージで話していた先輩たちも、楽しそうな笑顔で話す人の前には、大勢の通行人が立ち留まっていました。私自身も、楽しそうに見える笑顔で笑えるようになってから、リピートのお仕事が倍以上に増えました。楽しそうな笑顔の周りには、自然と人が集まってきます。きっと人間は、楽しそうな雰囲気に心を惹かれるのでしょう。

それでは、実際に、私のセミナーにご参加いただいた、仙台にお住まいの玉木順子さんの例を見てみましょう。

まず、写真Aが、セミナー参加前の玉木さんのプロフィール写真です。とても綺麗な笑顔です。この笑顔から受ける印象は、「綺麗」「ちゃんとしている」など、決してマイナスな印象ではありません。しかし「話してみたい」「会ってみたい」という気持ちにまでは、なるでしょうか？　残念ながら、そこまでは心が動かないと思います。

では、写真Bはいかがでしょう？　とても楽しそうな笑顔ですね。どちらも玉木さんの写真なのですが、この、楽しそうな笑顔の玉木さんのほうが、「話してみたい」「会ってみたい」と感じるのではないでしょうか？

このように、笑顔の作り方を「綺麗」にするか「楽しそう」にするかで、見る人の気持ちに与える影響が変わるのです。

では、どのようにすれば、「楽しそうな笑顔」を作ることができるのでしょうか。2つの写真を見比べてみてください。まず、先ほどご紹介したテクニックのひとつが使われていま す。歯と歯の間が開いていますよね。

そして、もうひとつ。歯の他に、顔のパーツを使っているのです。それは、下まぶたです。下まぶたを上げているのです。

人は本来、楽しくて笑うときは、必ず下まぶたが上がります。その自然な状態を再現したというわけです。歯と歯の間を開けることも、下まぶたを上げることも、笑うときに自然に起こる現象です。

もし、この笑顔を作ってみて、歯を開けることや、下まぶたを動かすことが難しいと感じた場合は、それこそが、人前で笑顔で話せなかった原因です。日々の生活の中で、その動きができていないのです。

つまり、日常的に笑えていない可能性があります。テレビ番組を見て面白いと感じても心の中で笑うだけで、顔の表情にまでは出さず、真顔でテレビを見ていたりしませんか？
もし、思い当たるふしがあれば、今日からは、テレビを見て面白いと感じたら顔に出してみましょう。わざと上下の歯を離して口を開け、下まぶたを上げて笑うのです。笑い声を出すと、さらに顔を動かしやすくなります。最初は違和感を感じるかもしれません。なんせ、今までやってこなかったことですから。

でも、人前で笑顔で話せるようになるための筋トレだと思って続けてください。必ず、人前で笑顔で話したいときに、顔が動かせるようになります。

ちなみに私は、テレビで面白いシーンを見たら、家族がつられて笑ってしまうほど「ヒャヒャヒャヒャ」と声を上げて大笑いをしています。はじめた当初は、違和感を感じつつも頑張って笑っていましたが、今では、面白いことがあると無意識に、すぐ笑えるようになりました。

私が笑っているのを見ると、何が面白いのか内容がわからなくても、つられて笑ってしまうとよく言われます。人前で話していても、私の笑顔を見ていたら楽しい気持ちになって過ごしやすかったと言われます。楽しそうに見える笑顔には、人の心を動かす力があるのです。

あなたの笑顔も、きっと誰かの心に届きます。ぜひ、今日からは「綺麗」ではなく「楽しそうに見える笑顔」で笑ってみてください。

4 ★★★ 笑顔で写真に写る方法

ここまで、人前で話すときに使えるテクニックをご紹介してきましたが、最後にもうひとつだけ、忘れてはならないシーンが残っています。それは、記念撮影のシーンです。記念撮影で撮った写真は、SNSが発達した今の世の中では、多くの人の目に触れる可能性があります。だからこそ、楽しそうに見える笑顔で写りたいですよね。

しかし、多くの人が「写真は苦手」と言うのです。こんな経験はないでしょうか？「撮りますよ～　はい、チーズ！」という掛け声に合わせてニコッと笑ったはずが、出来上がった写真を見てみると、ちゃんと笑えていない……。しかも引きつった笑顔になっている（泣）。撮り直したくても、時すでに遅し。その写真は、SNSを通じてあらゆる人に拡散されてしまっています。あぁ……、写真って苦手……。多くの方が、こんな風に、自分の笑顔を見て傷つき、写真が苦手になっていくのです。

私も、以前は写真がとても苦手でした。オーディションや撮影の仕事で、カメラマンさんから「笑って～」と言われても、緊張して笑えないのです。しかも、当時は綺麗に笑おうとしていましたから、それはそれは引きつった笑顔になることが多々ありました。

そんな苦い経験から、緊張していても、笑顔で写真に写れる方法はないかと考えるようになったのです。

そして編み出したテクニックが、「こっそりピース♪」でした。写真にピースサインで写る人って多いですよね。それがヒントになりました。思えば私も、自然な笑顔で写真に写れたときは、ピースサインをしていることが多いのです。

ピースサインをするのと、しないのとでは、あきらかに、ピースサインをするほうが、楽しそうな笑顔で写真に写ることができるのです。写真に写るときは常にピースサインをすればいいんだ！　と思いましたが……、そうもいきませんでした。

なぜなら、ピースサインをしてもOKな場合と、してはいけない場合があるからです。記念撮影をするとき、仲間同士で集まったカジュアルなシーンではピースサインをしても問題はありませんが、時として、ピースをしてはいけない雰囲気のときもありますよね。自分だけ堂々とピースをするわけにもいかないし……。そこで閃きました。堂々とできないなら、こっそりやればいいのです（笑）。

それから私は、あらゆるシーンで「こっそりピース♪」をするようになりました。片手を後ろへ回して、お尻のあたりでこっそりピースサインをするのです。カメラマンさんの「はい、チーズ！」の声に合わせて、こっそり後ろでピースします。すると、面白いことに、表でピースをしているときに近い笑顔で笑うことができるのです。

人前で話しているときはもちろんのこと、写真にも、楽しそうな笑顔で写ることができれば、あなたへの印象もさらに良くなることでしょう。大丈夫です。

写真が苦手でも、ピースサインがあれば笑顔が作りやすくなりますから。

こっそり後ろでピース♪

5 平真ゆきこさん
（宮城県在住：経営者）のエピソード

私は、宮城県仙台市にて、イベントの企画運営と、キャスティング会社を経営しています。私自身、経営者としての立場で、人前で話す機会が多々あるのですが、実はとても緊張するのです。

人前で話すときに共通して言えることは、「毎回、環境が変わること」です。客層や参加人数も変われば、求められる内容も変わります。ですから、毎回どんなにしっかりと準備をして臨んだとしても、緊張してしまいます。

とくに緊張する場面は、「イレギュラー（予測をしていなかったこと）」が発生したときです。「社長なんだから、緊張しないできちんと話せて当たり前」と思われることが多いようですが、こちらからすると、もう必死です！　社長だって、人前で緊張するのです！

とくに、イレギュラー発生時に焦りが顔に出ると最悪です。表情がこわばっていき、その堅苦しさが伝わってしまうのでしょう、会場全体に負のスパイラルが巻き起こり、空気が暗くなってしまいます。

だから、イレギュラーな事態が起こっても緊張せずに対応できるように、緊張しない方法を模索していました。しかし、どうしても無理でした……。私の場合、必ず緊張してしまうのです。

人前で話すだけでも緊張するし、イレギュラー発生時には、さらに緊張してしまいます。何だか自分が情けなく感じ、秘かにずっと悩んでいました。

そんなとき、丸山さんと出会ったのです。仙台でのセミナーに参加して、緊張しても使えるテクニックを教えていただいたわけですが、「目から鱗」のことばかりでした！　しかも、「え!?　こんなことでいいの!?」と拍子抜けするほど、簡単なテクニックばかり！

なかでも私が一番気に入っているテクニックは、「楽しそうに見える笑顔の作り方」です。緊張すると顔がこわばってしまう私には、もってこいのテクニックでした。「歯と歯の間を開ける」というただそれだけのことですが、これがものすごく効果的なのです！

今までの私は、人前で話すときはもちろん、写真を撮られるときなどにも、無理やり笑おうとして、奥歯を噛みしめてぎこちない表情になっていました。そこで、この「歯と歯の間を開ける」というテクニックを使ってみたら……！　奥歯を噛みしめなくなるので、自然と力が抜けて、無理なく笑顔が作れるようになりました！　出来上がった写真を見て、本当にビックリしました！　とても楽しそうな顔をして写っているのです。まさに、私の理想とする笑顔ができているではありませんか！　それからというもの、私は笑顔を作るときに「歯」を意識するようになりました。

今では、社内教育でもこのテクニックを伝えさせていただいています。イベント会場でお客様と直接関わる人材をキャスティングしているため、楽しそうに見える笑顔は必要不可欠です。「平間さんの事務所のみなさんは、笑顔がとても素敵だね！」と、お客様からうれしいお声もいただけるようになり、以前よりみんなが笑顔に自信を持つことができるようになりました。

そうそう、丸山さんのセミナーに一緒に参加した、講師業をしている友人たちも、以前より笑顔に磨きがかかり、好感度がアップしたことで仕事も増えたそうです！

丸山さん、ありがとうございました！

おわりに

いかがでしたでしょうか？　ここまでご紹介してきたテクニックの中で、「使ってみたい！」と感じていただけたものはありましたでしょうか？　ぜひ、そのテクニックを人前で使ってみてください！　なぜなら、使おうとしたときに、初めてこの本の効果を実感することができるからです。

今までのあなたは、人前で話す前は、「緊張する……、どうしよう……」と緊張に拍車をかけ、自らをあの恐ろしい「あがり」へと導いていたことでしょう。しかし、これからは違います。これからのあなたは、人前で話す前に緊張を感じたら、「私、チャレンジしようとしているんだ！　えら〜い！」と、頑張る自分を認めてあげることができるはずです。

そして、「あのテクニックを使ってみよう！　え〜っと、このときは、こうすれば緊張が隠せるんだよね！」と考えてできるはずです。まさにこの状態こそが、緊張と上手に付き合えている状態です。緊張と付き合いながら話すことができた暁には、「堂々と話せてすごいね！」「緊張しないんですね！」と周りから言われるようになります。今までとは違う世界が待っています。新しい一歩を、踏み出してみてくださいね！

実は、この本に載せたテクニックは、私がある「大切な日」に使ったものを中心に書きました。その「大切な日」とは、この本が出るキッカケになった「出版会議」というイベントです。同文舘出版が、出版を目指す人を対象に開催しているイベントです。編集長や著者の先輩など何人もの人の前で、10分間、本にしたい内容をプレゼンするのですが、案の定、ものすご〜〜〜く緊張しましたッ！　何度もトイレの個室で「ドーンと来い！」をしました！　ベロも口も喉も肩もほぐしまくりました！　出番がきたときには、ジャケットのボタンをわざと留め、スッとスムーズに立ち上がり、遠くを見ながら、第一声にはあの「決めゼリフ」！　メリハリを付けながら内容を伝え、手は「基本ポジション」を軸にジェスチャーを繰り広げ、わざと質問を受け付け、歯を開けながら「楽しそうに見える笑顔」で話した結果……満場一致でこの本の出版が決定したのです。

イベント終了後、隣に座っていた女性に言われました。「出番直前まであんなに手が震えていたのに、本番に強いんですね！　見事なプレゼンでした！」……と。手の震えがバレていたっ！（笑）でも、いいのです。本番に強いという印象に見えたことこそが、このテクニックの成果ですから。

最後に、お礼を言わせてください。

ここへ至るまでに、心が折れそうになったことが何度もありました。本を出したい！　と言い出してから2年。残りのページ数では書ききれないほど多くの方々に支えられてきました。「このノウハウは世の中に伝えるべきだ！」「頑張って！」「待っています！」みなさんがそう言ってくれたからこそ、今この本があります。

Wordの使い方がわからなかったり、文字を書くより「Deleteボタン」を押して書き直す時間の方が長かったり、慣れないパソコン作業で人生初のギックリ腰になったり……。さまざまなアクシデントはありましたが、おかげさまで、このページまで辿り着くことができました。

支えてくれて、ありがとう！

励ましてくれて、ありがとう！

みなさんのおかげでカタチになったこの本が、誰かの支えになることを心の底から願いつつ、結びとさせていただきたいと思います。

「緊張は、チャレンジの証拠」です！

これからも、一緒にチャレンジしていきましょう！

丸山久美子

＊＊＊＊＊ **Special Thanks!** ＊＊＊＊＊

同文舘出版株式会社

古市 達彦編集長

•

•

•

帯カラー Photo カメラマン

善福 克枝さん

コンセプト・フォトグラファー／スポーツキャリア・コンダクター

https://peraichi.com/landing_pages/view/sportscareerconductor

本編モノクロ Photo カメラマン

山中 研吾さん（まごころ写真家）

http://magokoro.photo/

＊＊＊＊＊＊＊＊＊＊＊＊＊＊＊＊＊＊

著者略歴

丸山久美子（まるやま くみこ）

まるっと空気を掴む MC、展示会専門接客アドバイザー
1982 年、和歌山県生まれ。「人前で話せるようになりたい！」という憧れを叶えるべく、20 歳で展示会プレゼンターとしてデビューするも、本番中に手が震えマイクを落とすなど、さまざまな大失敗を繰り返す。「あがりを克服する方法」や「緊張をなくす方法」を模索するが、改善どころか逆にあがりに拍車がかかり休業に追い込まれる。しかし、憧れを捨てきれず、「あがり」や「緊張」と向き合い独自のメソッドを開発。再スタートを図る。以来、展示会やイベントへ 3,000 回以上出演し、リピート率 90%を超える人気 MC に成長。2015 年から講師活動を開始。「人前で話せるようになりたい！」と願う全国の人々へ、「あり方とやり方」の両面から具体的なノウハウを提供している。
Twitter：Kumiko Maruyama (@maruyamakumiko)

上手にあがりを隠して人前で堂々と話す法

平成 29 年 12 月 14 日　初版発行

著　者 —— 丸山久美子

発行者 —— 中島治久

発行所 —— 同文舘出版株式会社

東京都千代田区神田神保町 1-41　〒 101-0051
電話　営業 03（3294）1801　編集 03（3294）1802
振替 00100-8-42935
http://www.dobunkan.co.jp/

ISBN978-4-495-53861-3

印刷／製本：萩原印刷

Printed in Japan 2017